As seis asas
do Serafim

Dados Internacionais de Catalogação na Publicação (CIP)
(Câmara Brasileira do Livro, SP, Brasil)

Boaventura, São, 1221-1274
  As seis asas do Serafim / São Boaventura ; tradução de Saturnino Schneider. – Petrópolis, RJ : Vozes, 2025. – (Série Clássicos da Espiritualidade)

  Título original: De sex alis Seraphim
  ISBN 978-85-326-7186-8

  1. Compaixão – Aspectos religiosos – Cristianismo
  2. Devoção a Deus 3. Espiritualidade 4. Justiça – Ensinamento bíblico 5. Vida espiritual – Cristianismo
  I. Schneider, Saturnino. II. Título. III. Série.

25-253124   CDD-242

Índices para catálogo sistemático:
1. Vida espiritual : Igreja Católica : Cristianismo 242

Eliane de Freitas Leite – Bibliotecária – CRB-8/8415

As seis asas do Serafim

São Boaventura

Tradução de Frei Saturnino Schneider, OFM

Petrópolis

Tradução do original em latim intitulado *De sex alis Seraphim*
Texto extraído dos *Escriptos espirituaes de São Boaventura –*
Cardeal e Doutor da Igreja – Collecção Franciscana – Vol. III.

© desta tradução
2025, Editora Vozes Ltda.
Rua Frei Luís, 100
25689-900 Petrópolis, RJ
www.vozes.com.br
Brasil

Todos os direitos reservados. Nenhuma parte desta obra poderá ser reproduzida ou transmitida por qualquer forma e/ou quaisquer meios (eletrônico ou mecânico, incluindo fotocópia e gravação) ou arquivada em qualquer sistema ou banco de dados sem permissão escrita da editora.

CONSELHO EDITORIAL

Diretor
Volney J. Berkenbrock

Editores
Aline dos Santos Carneiro
Edrian Josué Pasini
Marilac Loraine Oleniki
Welder Lancieri Marchini

Conselheiros
Elói Dionísio Piva
Francisco Morás
Teobaldo Heidemann
Thiago Alexandre Hayakawa

Secretário executivo
Leonardo A.R.T. dos Santos

PRODUÇÃO EDITORIAL

Anna Catharina Miranda
Eric Parrot
Jailson Scota
Marcelo Telles
Mirela de Oliveira
Natália França
Priscilla A.F. Alves
Rafael de Oliveira
Samuel Rezende
Verônica M. Guedes

Editoração: Giulia Araújo
Diagramação: Editora Vozes
Revisão gráfica: Alessandra Karl e Fernanda Guerriero Antunes
Capa: Editora Vozes
Ilustração de capa: Lúcio Américo

ISBN 978-85-326-7186-8

Este livro foi composto e impresso pela Editora Vozes Ltda.

Sumário

Prefácio, 7
Prólogo, 15

Capítulo I, 17
    Dentre muitos superiores, devem ser escolhidos os mais idôneos.
    Os principiantes precisam de um mestre. Os que dele não
    precisam, devem possuir quatro qualidades.

Capítulo II, 23
    Do zelo pela justiça, primeira asa dos prelados.

Capítulo III, 33
    Da compaixão, segunda asa dos prelados.

Capítulo IV, 39
    Da paciência, terceira asa dos prelados.

Capítulo V, 47
    Da exemplaridade da vida, quarta asa dos prelados.

Capítulo VI, 55
    Da circunspecta discrição, quinta asa dos prelados.

Capítulo VII, 73
    Da devoção a Deus, sexta asa dos prelados.

Conclusão, 85

Prefácio

Este opúsculo da tradição franciscana conserva algumas características que o tornam único. A obra pode ser considerada um manual de formação e os seus destinatários são aqueles que governam uma comunidade religiosa ou que se preparam para exercer a função de ministro.

São Boaventura demonstra interesse no modo franciscano de exercer o governo, cujas características aprendeu enquanto estava no governo geral da Ordem dos Frades Menores. Neste pequeno livro, a questão principal está fundamentada nas características de quem deveria governar. O superior, como se fosse um Serafim, necessitaria ter seis asas: *zelo pela justiça, piedade, paciência, vida exemplar, discrição e devoção a Deus.*

A novidade deste opúsculo apresenta uma mística não como uma ação ao alcance de poucos, nem como uma nova descoberta de uma verdade de fé, mas como um itinerário aberto a todo fiel, e baseado não em dons especiais, mas como uma realidade possível através da prática das virtudes.

Autenticidade e datação

Ao longo da história houve muitas edições do opúsculo *De Sex Alis Seraphim*. Um trabalho relevante foi publicado nas edições de Quaracchi de 1896. Os estudiosos

Ignatius Brady[1] e Jacques Guy Bougerol[2] também estudaram as questões da autenticidade da obra. As opiniões são divergentes. Brady classifica a obra como tardia, e possivelmente escrita depois da morte de São Boaventura. O latim usado é bom, porém os termos diferem de outros escritos do Doutor Seráfico, e o autor pode ter sido um frade da Observância Franciscana. Os estudos de Bougerol confirmam a autenticidade da obra por São Boaventura.

Entretanto, adotamos como base para o reconhecimento da autenticidade desta obra o trabalho realizado pelo pesquisador Pietro Maranesi, na introdução do *Dizionario Bonaventuriano*[3], que, por sua vez, nos remete a outro estudo com o título: *L'edizione critica bonaventuriana di Quaracchi*, publicada em 2002. Maranesi analisa o texto, assim como todas as publicações anteriores, e utiliza uma tabela para mostrar que todos os editores ao longo da história, ao publicarem o livro *As seis asas do Serafim*, não tiveram dúvidas sobre sua autenticidade.

Quanto à datação, segundo os estudiosos, é impossível determiná-la exatamente. A conclusão é que a obra foi escrita pelo Doutor Seráfico no último período de sua vida, após a intensa experiência no governo adquirido como Ministro Geral da Ordem dos Frades Menores.

---

1. I. BRADY. *The writings of saint Bonaventura regarding the franciscan order, in San Bonaventura maestro di vita francescana e di sapienza Cristiana I.* Atti del congresso Internazionale per il VII centenário di S. Bonaventura Roma 19-26 set. 1974, a cura di A. POMPEI. Roma, 1976, p. 105-106.

2. J. G. BOUGEROL. *Introduzione a S. Bonaventura.* Vicenza: Edizioni Biblioteca Francesca, 1988.

3. DIZIONARIO BONAVENTURIANO. *Filosofia, teologia, spiritualità.* Org. Ernesto Caroli. Padova: Editrici Francescane, 2008.

As seis asas do Serafim na tradição franciscana

Para justificar a autenticidade da obra, a edição vêneta de 1874 apresenta na sua introdução nomes de vários autores, entre eles alguns franciscanos que tiveram contato com o texto, como: Guilherme de Rubião, ministro provincial de Aragão, juntamente com renomados teólogos da Ordem Franciscana, discípulos de Frei Duns Scotus, Bartolomeu de Pisa, Teodoro de Gavazio, o Gerson, São Bernardino, Guilherme Vorrilongo, Odo de Perusa, Francisco Sanzão (ministro-geral), Roberto de Lecce, Alessandro Aristo, Mariano de Florença.

Provavelmente outros frades, ligados ao ofício de governo, devem ter entrado em contato com a obra de São Boaventura. Recordamos como exemplo o ministro-geral da OFM, Frei Bernardino de Portogruaro, que em seu generalato teve que reiniciar a Ordem dos Frades Menores em muitos países, depois da supressão religiosa. Com sua aprovação, esta obra também foi publicada em 1896 pelos estudiosos de Quaracchi. Nesse período histórico dos franciscanos, a pergunta que se faz é: que tipo de superiores ele buscava formar?

Outro ministro-geral que tem contato com este opúsculo foi o brasileiro Frei Constantino Koser, que governou a OFM do final do Concílio Vaticano II até 1979. No início de seu governo, segundo o que consta em suas meditações diárias, ele buscou inspiração na obra do Doutor Seráfico, para enfrentar o momento de passagem, isto é, a atualização da OFM diante das necessárias renovações conciliares.

O opúsculo não circulou somente no ambiente franciscano. Padre Júlio Nigronio, ao comentar a Regra da Companhia de Jesus, atesta a importância do opúsculo escrito por São Boaventura. Não o bastante, o quinto geral dos jesuítas, Padre Claudio Acquaviva, tendo estudado e meditado o texto, pediu para publicar a obra e a difundiu entre os superiores dos Jesuítas.

Fora ou no ambiente franciscano, a obra boaventuriana foi lida e usada para formar os superiores nas virtudes e que estes pudessem exercer o serviço no governo de sua instituição, pautados na caridade e na devoção a Deus.

O Doutor Seráfico e o Serafim

São Boaventura não se preocupou em detalhar ou explicar o título do seu opúsculo; talvez porque, em sua opinião, os Frades Menores conheciam a imagem do Serafim com seis asas no relato da *Legenda Maior* (cap.13), o texto hagiográfico oficial escrito por ele, que narra a estigmatização de Francisco de Assis no Monte Alverne.

No *Itinerarium mentis in Deum*, outra obra do Santo, o Serafim aparece em seu contexto. No Monte Alverne, onde Francisco de Assis recebeu a visita de um Serafim alado crucificado, São Boaventura medita sobre a experiência de Frei Francisco de Assis nesse lugar e compreende como ele vai percorrendo um itinerário para chegar a Deus.

Frei Tomás de Celano escreveu que Frei Francisco de Assis, no Monte Alverne, teve uma visão de um homem semelhante a um Serafim com seis asas pregado na Cruz. Frei Celano usou em sua biografia o livro do profeta Ezequiel (1,1; 8,1) a visão do templo e Isaías (6,2), a visão de Deus sentado no seu trono e, sobre ele, alguns serafins, cada um com seis asas: com duas cobriam o rosto, com duas cobriam os pés e com duas voavam (cf. 1Cel 94-96). São Boaventura utiliza como fonte Frei Tomás de Celano e decora a Legenda Maior com sua teologia, e como consequência o texto da estigmatização de Frei Francisco no Alverne.

O fato é que o Serafim na escala dos anjos é aquele que está próximo de Deus; no hebraico, *saraf* significa queimar ou incendiar. O Serafim alado, de seis asas e crucificado, é o próprio Cristo, homem e Deus, amor ardente, abrasador, incandescente, que na tradição franciscana deixa os sinais da sua paixão no corpo e no coração de Frei Francisco de Assis por amor.

São Boaventura dedica-se à meditação e estrutura uma parte de sua teologia e mística a partir da experiência do amor de Cristo e de Frei Francisco estigmatizado no Alverne. Por causa dessa autoridade mística teológica, ele ficou conhecido com o teólogo do Serafim. Seus discursos teológicos são caraterizados pelo amor ardente e incandescente. Quem entra em contato com seus escritos vai se purificando pelo amor ardente e chegará no seu itinerário final que é Deus, o Sumo Bem, o Bem Pleno, o Amor Total.

Frei Boaventura morreu em 1274. Foi canonizado em 14 de abril de 1482 pelo Papa Sisto IV e, em 1588, Papa Sisto V o proclamou Doutor da Igreja, recebendo o título de Doutor Seráfico.

O opúsculo e suas divisões

O opúsculo contém um prólogo composto por um parágrafo. O texto motiva o leitor a buscar a sabedoria e o perfeito discernimento entre o bem e o mal, e a escolher as coisas mais elevadas e úteis que o ajudarão a exercer o ofício de governar.

O primeiro capítulo visa instruir, com conselhos, quem se dispõe ao exercício de governar. Alguns desses conselhos são: a escolha do religioso mais idôneo para esta função, um mestre que acompanhe os iniciantes para imprimir caráter, autonomia e formar seus corações na ciência do bem.

O tema do segundo capítulo é o zelo pela justiça, a primeira asa dos prelados. O zelo pela justiça é um meio pedagógico de alcançar a via justa para o exercício de governar. É determinante buscar o verdadeiro amor a Deus, que conduz aquele que governa.

O terceiro capítulo trata da compaixão enquanto segunda asa do prelado. A piedade e a compaixão fraterna são como vinho e bálsamo derramados sobre as feridas, porque quem governa terá que curar as suas feridas e assim ajudar a curar o seu irmão religioso. Na segunda asa do Serafim, aquele que governará com misericórdia e compaixão deverá aprender o amor fraternal com o qual deve amar seus irmãos.

O tema do quarto capítulo é a paciência, terceira asa do prelado. Assim como o telhado de uma casa deve resistir às tempestades para proteger o seu interior e permanecer tranquilo, aquele que governa deve permanecer em pé e pronto para proteger seu irmão. O superior, através da prática da virtude, ganha forças para cuidar de seus irmãos e defendê-los na tempestade.

O quinto capítulo trata da exemplaridade da vida, quarta asa dos prelados. Na quarta asa do Serafim, a reflexão convida o superior à vida exemplar e a se tornar um modelo. "Jesus começou a fazer e a ensinar" (At 1,1). Neste caso, o superior deve ser um exemplo de vida, e o modelo é Cristo servo, que lavou os pés dos discípulos (cf. Jo 13,15).

No sexto capítulo, o tema abordado é a circunspecta discrição, quinta asa dos prelados. O superior cultiva a prudência em sua vida interior, o que o ajudará a ter cuidado na tomada de decisões e a ter o discernimento necessário para considerar as coisas e os acontecimentos.

O sétimo capítulo tematiza a devoção a Deus: chega-se à sexta asa dos prelados. A última asa do Serafim é a mais importante. Sem ela as anteriores perdem o seu valor. Sem a devoção e a amizade com Deus não há *zelo pela justiça, não se infunde no religioso a piedade e compaixão, não se fortalece a paciência, não se produz o bom exemplo, e a discrição enfraquece.*

Na conclusão, o Doutor Seráfico faz uma retrospectiva do conteúdo de cada capítulo e como eles podem fazer para auxiliar no governo de um religioso.

O convite a todos que se aproximam deste opúsculo é formar o seu interior com as virtudes necessárias para um bom relacionamento, com Deus e com seus irmãos, aos quais servirá no governo.

Portanto, segundo o Doutor Seráfico, o ser humano deve buscar a Deus e dedicar-se a Ele em proximidade, amizade e devoção. Um religioso ou qualquer pessoa que governe deve adquirir certos princípios e virtudes que auxiliam no desenvolvimento humano e espiritual da sua instituição ou comunidade religiosa. Para os franciscanos, o modelo de governo ou serviço é Cristo, pobre, humilde e crucificado. O modelo apresentado no opúsculo também preconiza um cuidado gratuito e amoroso por parte de quem vai exercer o governo, servir e lavar os pés a todos, independentemente de sua condição.

Frei Gilberto da Silva, OFM

Prólogo

*Dá ao sábio ocasião de aprender,
e se lhe acrescentará sabedoria*
(Pr 9,9).

Sendo que, muitas vezes, o sábio, por uma simples ocasião, consegue adquirir sabedoria mais alta, como também, não raro, aprende pela estultícia de outrem, o presente opúsculo poderá incitar à reflexão, sobretudo os novatos e os que ainda não possuem muita prática no ofício do governo e no perfeito discernimento do bem e do mal. Aproveitarão também dos defeitos aqui mencionados para investigarem com mais solicitude coisas mais altas e mais úteis, e aprenderão certas normas que são indispensáveis ao religioso para o governo dos súditos.

Capítulo I

Dentre muitos superiores, devem ser escolhidos os mais idôneos. Os principiantes precisam de um mestre. Os que dele não precisam, devem possuir quatro qualidades.

Isto te escrevo para que saibas como deves proceder na casa de Deus, que é a Igreja de Deus vivo (1Tm 3,14). O Apóstolo Paulo, escrevendo ao seu discípulo Timóteo, a quem constituíra bispo da Igreja de Éfeso, ensina-lhe em duas epístolas como há de proceder no governo que lhe confiará, a fim de que, tendo aprendido dele a viver santamente, aprendesse também como se deve governar os outros útil e meritoriamente. Pois há uma grande diferença entre saber ser humilde súdito, vivendo pacificamente em companhia de outros, e governar com utilidade.

Observa, a propósito, São Bernardo:

> Reparas que muitos vivem tranquilamente debaixo do prelado; todavia, se lhes tirares o jugo, verás que não podem estar quietos, nem conservar-se incólumes. Por outro lado, acharás alguns que vivem com todos na mais perfeita paz, não necessitando realmente de mestre; contudo, não são idôneos para a prelazia, porque se contentam com uma certa mediocridade, conforme a medida de graça que Deus lhes dá. Embora sabendo viver social e pacificamente com os seus semelhantes, não obstante são eles de todo inábeis, ineptos e imprestáveis quando

se trata de regerem os outros. Por conseguinte, melhores que os das duas classes anteriores são aqueles que sabem ser superiores.

Por isso, foi instruído Moisés de propor aos demais, não um indivíduo vulgar qualquer, indistintamente, mas de eleger dentre o povo todo alguns *homens instruídos e idôneos que julgassem o povo em todo o tempo* (Ex 18,22).

Quem se incumbe do ofício de tornar bons a outros primeiro deverá ter aprendido esta ciência da bondade, exercitando-a em si desveladamente, e pela frequente prática deverá tê-la convertido em hábito. Por isso, lemos que o Senhor, primeiramente, praticou o que, em seguida, havia de ensinar por palavras: *Jesus principiou a fazer e a ensinar* (At 1,1).

Os principiantes precisam de um mestre para aprenderem o que ignoram, isto é, as coisas necessárias e úteis para a salvação e o adiantamento; o que devem evitar; o que devem saber; o que devem fazer; o que devem esperar; o que devem recear; e aprenderem a discernir entre o mais ou menos bem ou mal. *Precisais que vos ensinem os primeiros elementos da palavra de Deus* (Hb 5,12).

Igualmente precisam eles de um mestre para se exercitarem em obras de virtude. Pois não basta saber o bem, mas é mister traduzi-lo na prática por meio de obras; assim como quem estuda medicina e, praticando-a, logo nela se exerce, porquanto o desemprenho de algum exercício imprime ao entendimento uma perícia bem mais perfeita do que o mero estudo teórico. E, sendo que os imperfeitos só negligentemente se exercitam no desejo das virtudes, convém que de vez em quando sejam incitados a isso por outrem. Daí costumam os mestres ocupar os seus discípulos em diferentes exercícios de virtudes, a fim de adquirirem a perfeição, já praticando obras de humildade ou de caridade fraterna; já exercícios de sobriedade ou devoção; como ainda de paciência, de castidade, de silêncio, de obediência e de outras virtudes, para que, destarte, se aperfeiçoem nestas mesmas virtudes, e simultaneamente combatam os vícios opostos a elas. Pois, à medida que progride a virtude, mais retrocede o vício contrário. *Educai-os na disciplina e com as instruções do Senhor* (Ef 6,4).

Precisam ainda de mestre para que sejam preservados e não cheguem a cair em pecado ou pratiquem indiscretamente as obras de virtude. As almas tenras e ainda não de todo limpas do afeto do pecado frequentemente evitam a armadilha do pecado mais por temor humano do que pelo divino. Convém-lhes, por isso, sujeitarem-se ao magistério dos superiores, pelos quais sejam salvas dos perigos, assim como pela mãe, que as ameaça, são preservadas as crianças de não caírem na água ou de serem mordidas pelos lobos. *Conservar-te-á, a fim de seres livre do caminho mau e do homem que fala coisas perversas* (Pr 2,11).

Necessitam também de um mestre para se corrigirem, porque o pecado leva de mal a pior, a exemplo da febre, que, muitas vezes, dá ensejo a outra mais grave, e como a ferida, que, não raro, engendra a fístula, se a não atalhar a indústria do médico.

Quem incide em culpa dificilmente se corrige por si mesmo, quando não lhe acode em auxílio alguém mais forte. Por isso, quer Deus que os maiores sejam os menores, a fim de que estes – se caírem em pecado, ou forem descuidados ou incautos em alguma coisa –

se corrijam pelos avisos, admoestações, proibições ou castigos dos prepostos, porquanto, abandonados ao seu próprio arbítrio, acaso nem sequer reconheceriam a sua culpa ou, entorpecidos, nela permaneceriam e se submergiriam cada vez mais profundamente. Daí adverte o Apóstolo Judas: *Repreendei deveras a estes que já estão como que julgados* (1,22). É-lhes mister, pois, estarem humildemente submissos ao mestre, porque quando alguém não se sujeita obedientemente ao médico, não poderá curar-se da sua enfermidade. As enfermidades do homem são as paixões dos vícios. *Deu-lhes poder e autoridade sobre todos os demônios, e virtude de curar enfermidades* (Lc 9,1).

Aqueles, entretanto, que para si não precisam de mestre devem estar tão ilustrados na ciência, a ponto de não errarem naquilo que lhes compete saber e de não poderem ser iludidos nisso quer pelos homens, quer pelo demônio ou pelos próprios sentidos, sob a aparência do bem, havendo alcançado o divino dom do discernimento dos espíritos. *Tenho sido instruído em tudo e por tudo* (Fl 4,12).

Devem eles estar tão repletos do fervor da devoção que, sem impulso de outrem, se empenhem fielmente na aquisição de toda virtude, procurando sempre o melhor. Sigam, destarte, a palavra do apóstolo: *Esquecendo deveras aquelas coisas que ficam atrás, e lançando-me para o que está adiante, prossigo para a meta, para o prêmio da soberana vocação de Deus em Cristo Jesus* (Fl 3,13).

A tal ponto devem amar o bem que naturalmente sintam horror a todo o mal, evitem cuidadosamente todos os escândalos, não ofendam a ninguém e vivam pacificamente com todos os seus semelhantes. *Não deis motivo de escândalo, nem a judeus, nem a gregos* (1Cor 10,32).

Igualmente devem ser tão humildes em tudo que não se envaideçam de seus talentos nem presumam estar totalmente isentos de defeitos; que julguem sutilmente em si mesmos todas as suas faltas de pensamentos, de palavras e de omissão, e as corrijam castigando-se severamente.

Sejam tão estáveis em tudo que não possam mudar nem por leviandade, nem por alguma distração, nem por dificuldades ou por medo. *Quem nos separará do amor de Cristo?* (Rm 8,35).

Entretanto, sendo difícil encontrarem-se homens desta classe, a poucos convém viverem isentos do jugo da obediência. Por essa razão, os próprios superiores, a fim de procederem melhor e mais cautamente, precisam ser subordinados a outros, por quem sejam governados, até o sumo pontífice, que, em lugar de Cristo, é a cabeça de toda a Igreja militante.

Por conseguinte, é mister que aqueles que deverão governar a outros utilmente possuam várias virtudes, das quais algumas se refiram a si mesmos, a fim de viverem irrepreensivelmente; outras se refiram aos seus superiores, para obedecerem humilde e devidamente; e mais outras, enfim, se refiram aos súditos, de acordo com as quais regê-los-ão meritoriamente e os promoverão a aspirações mais altas.

Embora o incumbido do ofício de ensinar todas as virtudes deva possuí-las todas em grau eminente, sem embargo, o bom diretor de almas, máxime o religioso, entre outras deve resplandecer em virtudes singulares, tais como Isaías (6,2) as atribui aos serafins que são os coros mais eminentes dos exércitos dos espíritos celestes, adornados com seis asas. Por esta mesma razão, talvez, é que o Senhor apareceu nesta semelhança ao nosso santo Pai Francisco, naquela gloriosa visão, quando o distinguiu com os estigmas da sua paixão, para manifestar que assim devem estar espiritualmente alados os que, com proveito, querem governar a sua família. Do mesmo modo, conforme lemos no Apocalipse (4,8), cada qual dos quatro animais possuía seis asas.

Capítulo II
Do zelo pela justiça, primeira asa dos prelados.

A primeira asa do diretor de almas é o zelo pela justiça. Esse zelo não tolera, sem protesto do coração, algo de injusto em si ou nos outros. Tanto será alguém reputado por bom quanto abomina o mal; pois tanto se ama um objeto quanto se lastima a sua destruição. Seguindo esta norma, encontraremos na religião ou na Igreja quatro classes de homens que costumamos qualificar de bons.

1. Os primeiros são os que não praticam o mal, mas que, todavia, com pouco cuidado se exercem em boas obras. Convivem pacífica e quietamente com seus semelhantes, não ofendem a ninguém e não provocam escândalo por más obras. *Estes homens têm sido muito bons para conosco, e nunca nos foram molestos* (1Rs 25,15).

Porquanto costumamos qualificar de bons aqueles que são afáveis em seu modo de viver e sociais para com todos, embora, por outro lado, sejam assaz desidiosos quanto à prática das virtudes. Crianças batizadas também são qualificadas de boas.

2. Melhores são os segundos que, além de não praticarem más ações, se exercem frequentemente em boas obras: na sobriedade, na castidade, na humildade, na caridade fraterna, na assiduidade da oração, e outras similares que entendem por boas. Esses, entretanto, têm o seguinte particular: assim como nada descuidam daquilo que podem e conhecem, assim

também lhe parece bastar o bem que praticam, e não se abrasam em aspirações mais altas e mais perfeitas de santidade. Basta-lhes exclusivamente velar, rezar, dar esmolas, jejuar, trabalhar por Deus, e outras coisas semelhantes; e, contentes com isso, descansam, abandonando aos outros as coisas mais altas. *Reconheci que nada havia de melhor para o homem do que desfrutar das próprias obras, e que esta era a parte que lhe cabia* (Ecl 3,22).

3. Melhores do que esses são os terceiros, porque abominam e evitam o mal e praticam assiduamente o bem ao seu alcance, e, depois de haverem feito todo o possível, julgam ter feito pouco em comparação com o que desejavam, sabendo que, no dizer do Apóstolo (1Tm 4,8), *o exercício corporal pouco aproveita.* Por isso, anelam ansiosamente possuir as virtudes da alma e o sabor da devoção interior, o familiar conhecimento de Deus, a percepção do seu amor, julgando que não são nada e que nada têm. Não querem aceitar nenhum consolo das coisas temporais ou espirituais, enquanto não gozarem, conforme desejam, dos preditos exercícios de virtudes e da doçura da devoção. Todavia, seu zelo não se inflama contra os vícios dos demais e contra os perigos dos pecados; desejam apenas que todos sejam felizes; porém, quando não encontram isso, não sentem nenhuma dor, atentos unicamente a si e a Deus. Esses tais, incumbidos do governo de outrem, não são de todo idôneos para semelhante encargo, porque pospõem o desvelo pelos outros à sua própria quietude, conforme o Livro dos Juízes (9,11): *Porventura, posso eu deixar a minha doçura, e suavíssimos frutos, para ir ser superior entre outras árvores?*

4. Os da quarta categoria, finalmente, são os melhores. Junto com os anteriores se inflamam, no zelo das almas e da observância, pelos bens da inocência e das virtudes. Todavia, não se consolam com o progresso na própria santificação enquanto, juntamente consigo, não atraem ao mesmo tempo mais outras almas a Deus, a exemplo do Senhor, que, embora abarcando em si a plenitude do gozo, não se dava por satisfeito em desfrutando sozinho aquela glória; e, tomando a forma de servo, saiu para conduzir consigo muitos filhos à glória por meio de suas obras e de sua doutrina.

O zelo pela justiça, qual um *escarlate tinto duas vezes* (Ex 26,1), rutila na dupla cor de caridade: do amor de Deus e do próximo. O amor de Deus não deseja unicamente fruir da sua doçura e unir-se com Ele, mas também anseia que se cumpra o seu beneplácito, que se dilate o seu culto, e seja sublimada a sua honra. Quer que Ele seja conhecido por todos, amado por todos, servido por todos e honrado acima de todas as coisas. O amor do próximo não se cinge ao seu bem-estar corporal e à sua prosperidade temporal, mas muito mais se interessa pela sua salvação eterna.

Por conseguinte, onde esta caridade se encontrar mais perfeita, ali há um desejo mais ardente e um esforço mais intensivo de promover estas coisas, e a alegria mais pura onde se encontram realizadas. *A caridade não busca os seus interesses* (1Cor 13,5), senão os de Deus.

À medida que amares a Deus e mais puramente desejares a sua glória, doer-te-ás pelas ofensas de Deus, ao ver que não conhecido e, em consequência, não honrado; quando vês que não é amado e, por isso, desobedecido; que se desleixa o seu culto e se multiplicam e se alegram os seus inimigos. Quanto mais amares a salvação do próximo, tanto mais te afligirás por sua perdição e pelo dano que sofre no seu adiantamento.

Posto que esta caridade se requeira de todos os amigos de Deus, todavia requer-se-á particularmente dos ministros de Deus que devem ser conformes ao coração de Deus e impregnar-se do amor da observância e ódio à maldade. *Amaste a justiça e aborreceste a iniquidade* (Hb 1,9). Por justiça pode entender-se aqui a observância de todas as coisas que são necessárias à salvação e ao progresso das almas.

Alguns destes requisitos à salvação procedem da lei eterna, como as virtudes puras: a humildade, a castidade, a caridade, a misericórdia e outras semelhantes, sem as quais ninguém pode salvar-se. A elas se ordenam também os mandamentos de Deus na antiga e, sobretudo, na nova Lei, porquanto diz o Senhor que "toda a Lei e os profetas" se referem ao amor de Deus e do próximo: *Destes dois mandamentos dependem toda a Lei e os profetas* (Mt 22,40).

Outros procedem da instituição humana em lugar de Deus, como as coisas que estão preceituadas canonicamente pela Igreja para comum utilidade, como os ritos dos sacramentos e outras coisas pertencentes aos preceitos do direito positivo: "Os decretos dos cânones sejam observados por todos", de sorte que cada qual observe as normas que competem aos seus estados e as que são mandadas a todos indistintamente, leigos e clérigos.

Outros procedem de algum voto pessoal a que, *de per si*, ninguém é obrigado. Todavia, quem o emite espontaneamente se liga às obrigações daí decorrentes como a uma lei divina. Sucede isto com os religiosos que emitem voto de obediência, castidade e pobreza e de outras coisas que são impostas aos professos pela regra e pelas constituições de qualquer Ordem.

> Quando tiveres feito um voto ao Senhor teu Deus, não demorarás em o cumprir, porque o Senhor teu Deus te pedirá conta dele; e se te demorares, ser-te-á imputado o pecado. Se não quiseres prometer, não pecarás. Mas o que saiu uma vez dos teus lábios, tu o observarás, e cumprirás como prometeste ao Senhor teu Deus, e disseste por tua vontade e por tua boca (Dt 23,21-24).

Outros procedem, finalmente, de uma certa habilitação para o adiantamento espiritual, embora não sejam rigorosamente necessários à salvação, como toda a disposição do Ofício Divino e de cada um dos ofícios da Ordem, dos deveres e dos tempos de silêncio; a disciplina na comida, no modo de se vestir, no trabalho, nas vigílias e nos demais atos espirituais; neles variam as observâncias de cada qual dos religiosos, conforme o seu zelo individual. Embora estas normas não sejam de tanta importância, que sem elas não se chegaria à salvação, deforma, todavia, sua transgressão a formosura da Ordem e sói impedir o progresso espiritual e a edificação dos outros. Pois assim como a observância promove solicitamente estas coisas em si e nos outros, engendrando uma santa alegria cada vez que essas normas são cuidadosamente respeitadas, assim também, pelo contrário, se dói, se indigna e se inflama em santo zelo quem der pela sua transgressão. *Porventura não aborreci eu, Senhor, os que te aborreciam?* (Sl 138,21).

Distingue, porém, sutilmente, que se há de doer mais pelas transgressões graves, e menos pelas ligeiras. O sábio pondera todas as coisas conforme são, tanto as boas como as más, ao passo que o néscio, por vezes, considera pequenas as grandes, e as leves grandíssimas, tendo por trave o argueiro, coando um mosquito e engolindo um camelo, pagando o dízimo da hortelã e da arruda, e deixando em abandono as coisas mais importantes da lei (Lc 11,42). Esses se deixam levar pelo seu zelo individualista, e neste ponto não se guiam pelo espírito de Deus, assim como alguns, por motivo de uma inclinação descuidada no coro, mais se excitam e punem do que por motivo de uma larga detração descarregada sobre um confrade; mais se indignam por causa de um versículo omitido ou uma rubrica não observada do que por uma grande perturbação suscitada escandalosamente.

Antes de tudo, pois, deve ser evitada e sentida a transgressão dos mandamentos de Deus. Em seguida, dos invioláveis preceitos da Santa Igreja. Depois, a das obrigações a que se adstringiu por voto voluntário, como as observâncias regulares, máxime as que se mandam sob preceito. Finalmente, tudo quanto escandaliza por ter algum aspecto de mal, como de avareza, de soberba, de inveja, de gula, de ira, de amizade suspeitosa, de desobediência e de vícios idênticos que fazem com que se converta em mau cheiro o aroma da fama dos religiosos, aroma esse que deveria edificar os fiéis e fazê-los aprender o que têm de evitar e o que têm de fazer. Sendo assim, não serão prejudicados pelo escândalo em vez de serem alimentados pelo exemplo de suas virtudes, e não se verifica a palavra do Apóstolo: *Por vossa causa o nome de Deus é blasfemado entre as nações* (Rm 2,2). Com mais facilidade se cura um pecado grave oculto do que um escândalo, por aquele pode ser remediado por um arrependimento secreto, ao passo que um escândalo só com dificuldade pode ser arrancado dos corações em que penetrou.

Em seguida, deverá evitar-se a perturbação no exercício da oração. Nela se baseia toda a verdadeira religião e com ela se alimenta toda a prática da virtude. É árida toda a religião que não é nutrida por este óleo. Instável é a estrutura das boas obras, *qual uma parede de pedras sem argamassa* (Ez 13,10), quando não solidificada pela frequente e devota oração, naturalmente começam a rarear as demais virtudes, e aproxima-se a ruína. *Apagam-se as lâmpadas sem azeite das virgens imprudentes* (Mt 25,1).

Finalmente, evitar-se-á também a negligência na disciplina externa, estabelecida a título da formosura da Ordem religiosa e para a aquisição da perfeição espiritual, cujo desleixo é indício de uma consciência descuidada e de ligeireza interior. A observância de tais normas disciplinares não é prescrita a ponto de não ser lícito viver de outra forma, mas porque assim mais convém à conformidade da beleza e à vida uniforme dos irmãos, a fim de que não viva cada qual segundo o seu capricho, de onde resultaria verem-se estorvados os demais. Entretanto, estas observâncias, indiferentes em si, estabelecidas para certos fins que já foram mencionados mais acima, antes devem ser bem seguidas do que temidas escrupulosamente, caso, alguma vez, forem transgredidas por alguma surpresa perplexa, a menos que, tornando-se hábito, engendrem deformidade e a dissimulação fomente o desleixo. Neste caso, a fim de atalhar outros males subsequentes, estará sempre alerta o zelo pela observância.

O verdadeiro zelador da justiça, portanto, abster-se-á terminantemente de fazer ou de ensinar o mal; em seguida, de permiti-lo ou consentir nele, abrandado por qualquer importunidade ou engano; terceiro, de favorecê-lo ou facilitá-lo mesmo quando não for consultado a respeito, ou estiver ausente; quarto, de o dissimular ou calar como se o não soubesse, pois compete a ele repreender e mostrar quão grande é o mal, e atemorizar para que não se atrevam a praticá-lo mais; quinto, de tolerar que o delinquente fique impune, porquanto o castigo do pecador impede que torne a pecar: *não peques mais, para que não te aconteça coisa pior* (Jo 5,14). Outra salutar consequência do castigo consiste em purificar-se o delinquente do seu pecado, para não ser punido mais duramente por Deus: *Tu lhe baterás com a vara, e livrarás a sua alma do inferno* (Pr 23,14). De mais a mais, escarmentam-se destarte os outros para se absterem de cometer semelhantes desatinos: *Castigado o corrompido, tornar-se-á mais sábio o insensato* (Pr 19,25). Isto é, o principiante e o novato aprenderão a ser mais cautos. Finalmente, o próprio prelado, representante do supremo Juiz, livrará sua alma do pecado da negligência, cumprindo assim o seu dever. Não procedeu destarte o Sacerdote Eli, razão pela qual recebeu a sentença de morte junto com seus dois filhos pecadores (1Rs 4,11).

As ordens fervorosas e as relaxadas não se diferenciam em não haver, nas fervorosas, pecador nenhum, mas em não se deixar ninguém pecar impunemente; em trancar-se cuidadosamente as portas ao pecado; em eliminar-se os incorrigíveis e contaminadores; em fomentar e estimular os bons, para que perseverem e progridam mais e mais no bem. Desde que já houve maldade no meio dos próprios anjos antes de serem confirmados na graça, e também no grêmio dos apóstolos sob o magistério de Cristo, que associação humana de bons poderá arrogar-se a prerrogativa de não existir no seu meio pecado algum? Embora muitíssimos, entre os anjos e entre os apóstolos, permanecessem imunes pela graça de Deus, não se deu isso com todos: *Vós estais limpos, porém não todos* (Jo 3,10).

De mais a mais, convém aos bons, enquanto se encontram aqui em estado de merecer, terem em sua companhia alguns maus que lhes sirvam de ensejo para maiores merecimentos, compadecendo-se das maldades dos maus, inflamando-se de zelo contra eles, esforçando-se para corrigi-los, receando tornar-se semelhantes a eles, combatendo as tentações que os maus excitam, sofrendo as suas perseguições e humilhando-se confundidos ao considerarem a infelicidade moral deles. Agradeçam, pois, aos seus guardas que os preservam de chegarem a ser como aqueles. Se aos bons faltassem as ocasiões de praticar as sobreditas virtudes, evidentemente seriam muito menores os seus merecimentos, pois *aquilo que o homem semear, isso colherá* (Gl 6,8).

Todavia, os mais nunca deverão ser estimados ou favorecidos, se não apenas tolerados. Máxime serão tolerados aqueles cujos pecados estão ocultos e não infeccionam os demais, sobretudo quando há esperança de se emendarem. Na falta dessas circunstâncias, porém, não podem ser conservados ali sem grande dano e, por conseguinte, têm de ser eliminados, para que não se julgue que seu relaxamento agrade aos bons. Contudo, enquanto são tolerados, também devem ser punidos com os estímulos das exortações, repreensões, humilhações e castigos; devem ser ungidos com os fomentos das advertências, consolos, orações e promessas, a fim de reconvalescerem da sua enfermidade e se robustecerem no bem. Obstruir-se-lhes-á o caminho ao pecado e a porta da tentação (o que igualmente convém aos bons), para que a oportunidade do pecado não os torne piores. Porque o prelado, representante de Deus, *a quem o Senhor pôs à testa de sua família* (Mt 24,45), a quem, pela mesma razão, devem obedecer os súditos em lugar de Deus, se não corrigir os transgressores, se permitir que cresçam os vícios em sua presença, que nasçam maus costumes, que se arraiguem e propaguem os já existentes; se advertir que se vá relaxando a observância regular e se multiplicam as transgressões, e ele não se opuser com todas as suas forças, tanto aos males presentes como também aos iminentes, dará a Deus uma tríplice conta.

Primeiro, dará conta a Deus por sua negligência, porque não fez o que, por ofício, tinha obrigação de fazer. *Porque, sendo ministros do reino, não julgastes com equidade, nem guardastes a lei da justiça, nem andastes conforme a vontade de Deus, Ele vos aparecerá de um modo temeroso, e repentinamente, porque aqueles que governam serão julgados com um extremo rigor* (Sb 6,5).

Segundo, dará conta a Deus, porque se imputarão a ele todos os pecados dos súditos que teria podido e teria devido corrigir e precaver. *Se tu não falares ao ímpio, para ele se afastar do seu mau caminho, morrerá esse ímpio na sua iniquidade, mas eu te pedirei contas do seu sangue* (Ez 33,8).

Terceiro, dará conta a Deus pelo abuso da dignidade e do poder que lhe foi entregue, que utilizou para glória e comodidade próprias, e não para o que lhe foi entregue: *Tirai-lhe, pois, o talento, e ao servo inútil lançai-o nas trevas exteriores; ali haverá choro e ranger de dentes* (Mt 25,28).

Ostente, portanto, o bom zelador quanto ama a Deus, promovendo o beneplácito divino em si e nos outros. Não afrouxe neste zelo por desídia, nem se deixe cansar pelo trabalho. Não se dobre a sugestões, nem se deixe iludir por astúcias, nem se aparte da sua reta conduta por amizades ou por afagos. Nem se atemorize por ameaças, nem desanime ante a proscrição de um hábito mau e inveterado, mas trate de cumprir denodadamente o seu dever.

Capítulo III
Da compaixão, segunda asa dos prelados.

A segunda asa do Serafim é a piedade ou compaixão fraternal, para que, assim como o amor de Deus o inflama no zelo pela observância, assim o amor do próximo o incite à compaixão. Porque, se aos vícios corresponde a vara que castiga, à debilidade é necessário o báculo que sustenta. *Tua vara é teu báculo*, diz o Salmo 22,4; e São Paulo: *Irei a vós com vara ou com caridade e espírito de mansidão* (1Cor 4,21). Também o Samaritano, no Evangelho segundo São Lucas (10,33), derramou nas feridas do semivivo abandonado o vinho do zelo fervoroso e o óleo da compaixão suavizante.

Porém, outra é a enfermidade do corpo, e outra a da alma, e ambas necessitam da compaixão.

Os enfermos do corpo repartem-se em três variedades. Os primeiros são os enfermos prostrados na cama, ou aqueles que padecem enfermidades agudas e graves. Os segundos são os enfermos que, embora andem pela casa e às vezes mesmo pelos hortos, não obstante se veem acometidos, frequentemente, por grandes dores, como os que padecem cálculos, fístulas e moléstias congêneres. Os terceiros são os que não sofrem de uma determinada enfermidade; sem embargo estão débeis e faltos de forças, como os anciãos e os alquebrados pelo trabalho, os deprimidos por uma enfermidade natural, os que se acham, transitoriamente, abatidos por algum achaque acidental. A estes se acudirá com uma tríplice compaixão; isto é, com remédios medicinais, se congruamente for possível, como também em mitigando o rigor na comida, no vestido, nas vigílias e em outras coisas congêneres; eximindo-os do trabalho nas oficinas, dos serviços, das viagens e das coisas análogas, conforme exigir a necessidade de cada um, de sorte que, respectivamente, se socorra de um modo especial aos primeiros com o primeiro, aos segundos com o segundo, e aos terceiros com o terceiro remédio.

Deve-se manifestar afabilidade aos enfermos e débeis porque são açoitados pelo Senhor. Pois, se além de sua enfermidade, se virem atribulados pelos homens, sua própria miséria clamará ao Pai das misericórdias contra os que os afligem, queixando-se com o salmista: *Perseguiram aquele que tu feriste e agravaram a dor das minhas chagas* (68,27). O enfermo aflito é incapaz de se valer a si mesmo, se aflige quando não é consolado por quem devia, quando não é aliviado pela isenção do trabalho, quando não é socorrido em suas necessidades, quando não há quem dele se compadeça:

> À tua vista estão todos os que me afligem.
> O meu coração espera sempre impropérios
>   e misérias.
> Esperei que alguém se condoesse de mim,
>   e não achei ninguém.
> Esperei que alguém me consolasse, e não achei.
> E deram-me fel por comida.
> E na minha sede propinaram-me vinagre
>   (Sl 68,21- 22).

O bom prelado, entretanto, considera-se pai dos seus irmãos, e não senhor. Apresentasse-lhes como médico, e não como tirano. Não os trata como jumentos seus ou como escravos comprados, e sim como partícipes da suprema herança, fazendo com eles como queria que os outros com ele fizessem ao achar-se em situação idêntica. No entanto, os robustos e sadios não sentem como sente o enfermo. Por isso, não sabem compadecer-se dele. Mas sabe-lo-ão logo que eles mesmos caírem em doença. E se objetam que, não raro, alguns se fingem mais doentes do que realmente estão – acaso, será isso motivo para julgar a todos como hipócritas? O Senhor, pelo contrário, quis perdoar a muitos mais por uns poucos justos (cf. Gn 18,23).

Os enfermos necessitam do auxílio e da compaixão mais do que os robustos e sadios para três efeitos: primeiro, para o sustento da sua vida, pois que eles mesmos não o podem procurar; se, então, outros não lhe procuraram, veem-se na emergência de desfalecer e não poder existir. *Para que não se perca de todo o que está abatido* (2Rs 14,14). Segundo, para o restabelecimento da saúde e das forças perdidas precisam do sustento para conservar o que possuem, o enfermo e o débil necessitam de dobrada alimentação para que não pereçam e percam o pouco que ainda possuem e reparem o perdido: *Ao que não tem, ser-lhe-á tirado isso mesmo que tem* (Lc 19,26). Terceiro, para alívio e consolo, porque, estando assim afligido por tantas maneiras, recebem consolo ao verem que os outros deles se compadecem e cooperam fielmente no trabalho do seu restabelecimento: *Abençoados sejais pelo Senhor, porque vos condoestes de minha sorte!* (1Sm 23,21).

Todavia, alegam alguns: socorre-se, com razão, àqueles enfermos que têm esperança de convalescerem; mas são inúteis os gastos que se fazem para quem, presumivelmente, não se restabelecerá. Ora, isto estaria certo se se devesse praticar misericórdia com os enfermos, não pelo mérito da caridade, mas pela recompensa da utilidade humana. Entretanto, quem socorre ao enfermo unicamente para que lhe pague o benefício, servindo-lhe quando estiver bom, com razão se priva do mérito da caridade. Porquanto, onde há maior miséria, ali brilha com mais fulgor a misericórdia, e mais pura e desinteressada se patenteia a caridade. Por isso mesmo convém que o prelado experimente em sua pessoa alguma vez as enfermidades dos outros, para que aprenda a compadecer-se: porque *não temos um pontífice que não possa compadecer-se das nossas fraquezas* (Hb 4,15).

Existem, igualmente, três classes de enfermos da alma: os primeiros são os que por falta de devoção ou por veemência da tentação são inclinados a escândalos e pecados, vacilantes pela fácil ocasião e propensos à queda: *Há entre vós muitos enfermos e fracos* (1Cor 11,30). Os segundos são os que, posto que tenham boa vontade e sejam piedosos, todavia se intimidam com uma ligeira correção ou com alguma dura repreensão, entregando-se a uma certa desconfiança de desespero, ou então prorrompendo numa impaciência da qual logo após se arrependem, vindo a molestar ainda mais os outros: *Nós, que somos mais fortes, devemos suportar as fraquezas dos débeis* (Rm 15,1). Os terceiros são em geral todos os imperfeitos, que com frequência titubeiam nos diversos exercícios das virtudes e, por mais que resistam, se veem assaltados, de quando em vez, por várias febres de paixões, como sejam soberba, ira, preguiça, inveja, luxúria, gula e outros vícios, quer carnais, quer espirituais: *Compadecei--vos de mim, Senhor, porque estou enfermo!* (Sl 6,3).

A estas enfermidades deverão ser aplicados os seguintes remédios: tirem-lhes a ocasião do escândalo, a oportunidade de pecar, a fim de que não vejam nem ouçam nada pelo que possam enfermar; tampouco seja-lhes permitido andarem amiúde fora de casa, pois: *Dina foi violada quando saiu de casa* (Gn 34,1). Animem-se com repetidas admoestações a se aterem ao exemplo da paciência e, enquanto não convalescerem da sua fraqueza, poupem-se-lhes severos ralhos e semelhantes repreensões que os possam desconcertar. *Pais, não exciteis à indignação vossos filhos, para que se não tornem pusilânimes* (Cl 3,21). Porquanto aquele que irrita mais a quem já está bastante irritado, faz como quem provoca contra si um cachorro que ladra para que o morda. Suportará, entretanto, de bom grado, suas quedas e imperfeições. Nem todos tudo podem.

Assim como os mestres costumam desculpar os rudes e pouco instruídos quando, por imperícia, erram em alguma opinião, da mesma forma os virtuosos aturam caridosamente os defeitos dos outros, cientes de que nem todos podem ser donos de igual perfeição e, considerando que são pequenos e imbeles em Cristo, não lhes carregam pesos superiores às suas forças, nem deles exigem serviços que excedam aos que podem prestar. Lê-se no Gênesis (33,21): *Sabes que levo no meu séquito crianças débeis e ovelhas e vacas prenhes; e se eu as cansar, fazendo-as andar mais, morrerão num dia todos os rebanhos.* Quer isto dizer que, quem insistir com os principiantes imperfeitos e com os que têm alguma boa vontade, como em embrião, e os forçar no exercício da virtude mais do que permite a graça que receberam, com essa exagerada insistência fazem-nos perder o que já possuem. São Paulo é do mesmo parecer: *Fizemo-nos pequeninos entre vós como aquela que amamenta, acalentando seus filhos* (1Ts 2,7), como se dissesse: tão humilde e compassivamente me achego a vós, contemporizando com vossa debilidade e imperfeição.

Por outro lado, o Senhor se queixa dos pastores rudes e sem compaixão: *Não fortalecestes as ovelhas débeis, e não curastes as enfermas; não ligastes os membros às que tinham algum quebrado, e não fizestes voltar as desgarradas, nem buscastes as que se tinham perdido, mas domináveis sobre elas com aspereza e com prepotência* (Ez 34,4).

Diz, a propósito, São Bernardo:

> Ficai sabendo que deveis ser mães dos súditos, e não senhores. Tratai de serdes mais amados do que temidos e, se alguma vez for necessária a severidade, seja ela paternal, e não despótica. Mostrai-vos mães pelo carinho, e pais pelo zelo corretivo. Guardai a brandura e deponde a fereza. Suspendei os açoites. Produzi ricos frutos. Que os peitos se pojem de leite, não intumesçam de peçonha. Por que agravais sobre eles vosso fardo, sendo vós que deveríeis carregar o deles?

No mesmo sentido adverte a Escritura (Nm 11,12): *Traze-os ao colo, como a mulher costuma trazer o seu filhinho, e leva-os à terra pela qual te comprometeste por juramento com seus maiores.*

Capítulo IV
Da paciência, terceira asa dos prelados.

A terceira asa do Serafim é a paciência e a constante longanimidade. Pois assim como a cobertura do tabernáculo, para conservar limpo e polido o seu interior, apanha sobre si os embates da poeira, das chuvas e dos ventos, assim também os superiores, para defenderem fielmente os seus súditos do torvelinho do pecado, têm que sofrer frequentemente as tormentas de toda a sorte de adversidades, à semelhança da galinha que se atira de encontro ao gavião em defesa dos seus pintinhos.

Entre outros casos, há três em que particularmente se destaca a necessidade da paciência.

1. Por causa dos muitíssimos trabalhos, cuidados e ocupações que lhes sobrevêm de várias maneiras. Pois preocupa-os o constante cuidado de vigiar a disciplina espiritual, como também de providenciar as coisas temporais. Por isso os apóstolos andavam solícitos não só pelas necessidades espirituais dos fiéis, como ainda pelas temporais, e de modo particular pelas dos pobres: *Tiago, Pedro e João –* que eram considerados as colunas – *deram as mãos a mim e a Barnabé como unindo-nos a si, para que pregássemos nós entre os gentios, e eles aos circuncisos, recomendando somente que nos lembrássemos dos pobres; o que fui também solícito em fazer* (Gl 2,9). Da mesma forma, o próprio Senhor, tendo alimentado com a palavra da salvação as multidões que

permaneciam no deserto, abasteceu-as igualmente de pão material, quando não tinham de onde obter.

Surgem-lhes, por isso, a miúde, várias ocupações, quer provenientes do seu cargo doméstico, quer de afazeres estranhos, nos quais, de certo modo, têm que se imiscuir e afligir-se por achar um jeito de desembarcar deles.

Nascem também vários inconvenientes indesejáveis, como sejam viagens, vigílias, negociações e outras fadigas para cujo conjunto lhes é mister a paciência. O mesmo deu-se com Moisés, o mansíssimo e amicíssimo de Deus, que se viu por isso na contingência de dividir entre muitos os ônus de governar o povo, não podendo sozinho dar conta de tantos encargos. *Eu só*, dizia ele, *não posso atender aos vossos negócios, trabalhos e questões. Apresentai-me dentre vós homens sábios e experimentados, e de uma vida provada nas vossas tribos para que eu vos constitua vossos chefes* (Dt 1,12).

2. Ao superior é necessária a paciência devido ao lento progresso daqueles pelos quais continuamente se afadiga. Naturalmente há de reparar como deles poucos prosperam. Mais: com cara de quem muito semeou e pouco vê nascer, repara como, devido às dificuldades e às barreiras do progresso espiritual, tornam a perder aquilo que, graças a esforços seus, trabalhosamente houveram principiado a emendar. Vê também, às vezes, malguardadas e malcumpridas certas ordens e disposições suas, dadas individualmente. Vê ainda como, não raro, o mal se introduz sorrateiramente, disfarçado em bem, tanto que ele não se anima a reprová-lo abertamente como mal, porque na superfície aparece como bem aquilo que no fundo vai destruir outro bem maior e abrir estrada a males mais declarados.

Assim, por exemplo, no intuito de salvar a muitos, aceitamos na Ordem muitos mais do que nos convém ter. No fim das contas, essa multidão será a ruína da nossa pobreza, pois há muitos que querem gozar de um sem-número de coisas e não carecer delas. Daí resultam as saídas cada vez frequentes do convento para adquirir o necessário. Procuram-se caminhos insólitos para pedir. Procede-se mais incautamente contra a regra no receber. Extingue-se a quietude da oração. Caem em desuso os costumes religiosos. Habituam-se os frades a vaguear à vontade e ir à cata de diversas comodidades corporais, a contrair amizades proibidas pela Regra, a buscar presentes dos seus penitentes, a vender por dinheiro o proveito das almas, a bajular aos ricos, a aumentar as hortas, a levantar edifícios suntuosos, a não se preocuparem com os escândalos. E a honra de Deus, que deveria seguir-se da santidade da nossa vida e, por conseguinte, da edificação dos fiéis, fica calcada aos pés por se agir contrariamente a ela.

O mesmo se dirá da promoção precipitada às sacras ordens e aos ministérios da confissão e pregação e às dignidades, de jovens insuficientemente formados. Estas e muitas outras coisas fazem figura aos olhos dos homens; mas interiormente, aos olhos de Deus, desabonam a pureza da Ordem. E há na religião principiantes que, não gostando dos exercícios interiores, julgam consistir nas boas maneiras exteriores todo o vigor da vida espiritual; defendem-nas, portanto, fervorosamente e descuram as verdadeiras virtudes e as práticas espirituais. Reparando, pois, estes e muitos outros abusos, o prelado espiritual, julgando tudo à luz da verdade, entristece-se e se consome e, incapaz de corrigir como deseja, exercita-se admiravelmente na virtude da paciência. *Meu zelo me fez consumir-me. O zelo pela tua casa me devorou* (Sl 188,139; 68,10).

3. É-lhe necessária a paciência por causa da ingratidão daqueles pelos quais tanto se empenha, porquanto mal pode satisfazê-los sem que fiquem a queixar-se sempre de que poderia servi-los com outra coisa melhor, se quisesse. Tanto que fica hesitando, se há de ceder às importunações deles, aquiescendo a tudo quanto pretendem, ou se há de insistir com rigor naquilo que julga mais conveniente. Está então no caso de São Paulo Apóstolo, que não se lamentava com os Filipenses, dizendo: *Não sei que partido tomar; constrangem-se dos dois lados; prefiro ser dissolvido e ir ter com Cristo* (1,23).

É-lhe ainda mister a paciência porque lhe malsinam muitíssimos gestos, pondo-lhe más intenções; depois vão pedir-lhe satisfações, resmungam, acusam-no e dizem mal dele, e tomam assunto para escândalo daquilo mesmo com que ele pensava dar prazer a eles e a Deus, de sorte que quase não encontra jeito de mandar ou de fazer coisa alguma sem que sempre desagrade e moleste a alguém. Necessita ele, ainda, de paciência, porque alguns chegam ao ponto de lhe resistir em face; ou acusam-no por carta; desprezam-no e instigam a outros para que se lhe insubordinem; ou astuciosamente o atrapalham na execução do que deveria.

A estas e outras contrariedades das quais diversamente se vê assaltado, procure opor-se com um tríplice escudo de paciência:

1º. Responda modesta, madura e benignamente a cada uma das objeções. Reprima os ímpetos do seu fervor, guardando-se de aparentar na voz, no rosto ou nas atitudes qualquer impaciência. Destarte, mais lhe adianta a paciência, pela qual ele acaba dominando aqueles que, com sua violência, mais provocaria. Deste modo,

Gedeão, só em responder serenamente a uns varões de Efraim que tramavam contra ele, aplacou a animosidade de que estavam possuídos (Jz 8,13). Bem avisado está o sábio que sentencia: *A resposta branda apazigua a ira; e a palavra dura excita o furor* (Pr 15,1). Um motim não se compõe com um contramotim, tampouco um vício se cura com outro vício.

A impaciência do prelado desvirtua dos seguintes modos os benefícios que este poderia promover, porquanto:

a) Escandaliza os outros: *O que é impaciente manifesta a sua loucura* (Pr 14,29), isto é, descobrindo aos outros.

b) Torna-o desprezível aos súditos e aos demais: *O que é vão e não tem senso estará exposto ao desprezo* (Pr 12,8).

c) Torna-o odioso e aborrecido: *É terrível na sua cidade o homem linguareiro, e o temerário nas suas palavras será aborrecido* (Ec 9,25).

d) Provoca os demais à impaciência: *O homem iracundo provoca rixas; o que é paciente aplaca as que estão já excitadas* (Pr 15 ,18).

e) Faz com que os súditos não se atrevam a declarar-lhe suas precisões: *Se começarmos a falar-te, talvez tu o leves a mal* (Jó 4,2).

f) Enche a casa de murmurações e rancor: *Quem perturba a sua casa, não possuirá senão ventos* (Pr 11,29), isto é, conspirações.

g) Afasta de si os ternos de coração e os assusta: *Quem poderá suster um espírito que facilmente se deixa levar pela ira?* (Pr 18,14).

h) Faz com que ninguém se atreva a adverti-lo sobre faltas a emendar: *Ele é um filho de Belial, tão violento que ninguém se atreve a falar-lhe* (1Sm 2,12).

2º. Procure ser pacífico, evitando vingar-se das ofensas recebidas, e conservar em seu coração ressentimento contra os ofensores, nem diminua seu interesse por eles, nem tente afastá-los de si. Antes, conserve-os de boa vontade consigo para edificação deles e dos outros, bem-fazendo aos ingratos, e mesmo para ter neles oportunidade de se exercer na virtude, a exemplo do supremo Pastor. *Sereis filhos do Altíssimo, que é bom para os ingratos e para os maus* (Lc 6,35). Porque, consistindo o ofício do pastor propriamente em ensinar as virtudes, se afastar de si os vícios, a quem curará? Se o bravo soldado fugir dos que o atacam, como conseguirá o glorioso triunfo? Se o comerciante desprezar as mercadorias, em que pode ganhar muito, como enriquecerá? Em conviver com outros está a razão por que tantos bispos e superiores se santificaram, praticando as boas obras, sofrendo as adversidades que o seu cargo acarretava e, edificando assim os outros, guindaram-se às culminâncias da perfeição. *Se alguém deseja o episcopado, deseja uma obra boa* (1Tm 3,1).

3º. Saiba sofrer para não deixar de cumprir com vontade e aplicação os deveres que a solicitude requer do seu ofício, por causa do fastio do trabalho, da demora no adiantamento, das impertinências dos súditos e semelhantes incômodos, pois assim adquire altos merecimentos: *Ganhai coragem, não se enfraqueçam vossas mãos, porque a vossa obra será recompensada* (2Cr 15,7). Estas mãos do prelado são a insistência no agir e a paciência no sofrer as contrariedades; se elas não se afrouxarem pelo desânimo ou pela impaciência, ser-lhes-á atribuído um prêmio eterno.

De mais a mais, por estas mesmas adversidades, o reitor se purifica da poeira dos pecados, nos quais incorreu por sua fragilidade e debilidade humanas, *porquanto todos nós tropeçamos em muitas coisas* (Tg 3,2). Por outro lado, em certos assuntos acontecem frequentes negligências das quais os prelados precisam ser purificados nesta vida para não serem castigados na outra com dobrado rigor. *Se ele cometer alguma coisa iníqua, eu o castigarei com vara de homens, e com açoites de filhos de homens* (2Rs 7,14).

Abatido pelas contrariedades, guarda-se do tumor da soberba pela qual periclitam os poderosos, sendo que a elevação do cargo, a licença da liberdade e a complacência do bem que faz facilmente ensoberbecem seu ânimo, preservando-o da presunção e salvando-o, destarte, do abismo do orgulho: *Deus abre os ouvidos aos homens, e, admoestando-os, lhes adverte o que devem fazer, para apartar o homem daquilo que faz de mau, e para o livrar da soberba, salvando a sua alma da corrupção, e a sua vida de cair sob a espada. Corrige-o também por meio das dores no seu leito, e faz que todos os seus ossos se mirrem* (Jó 33,16).

Por essa mesma razão, conforme já dissemos, multiplica-se seu merecimento, pois não somente conquista glória pelos bens que promove em si e nos outros, mas coroa-se ainda magnificamente com as contrariedades padecidas, à semelhança do ouro que, acrisolado no fogo, brilha mais formoso e se torna mais precioso: *Ele os provou como ouro na navalha, e recebeu-os como uma hóstia de holocausto, e a seu tempo ele os olhará favoravelmente* (Sb 3,6). Não raras vezes, cresce o adiantamento espiritual quando menos se percebe, e se fortifica quando parece debilitar-se sempre mais. *O reino dos céus é como um homem que lança a semente à terra, e que dorme e se levanta noite e dia, e a semente brota e cresce sem ele saber como* (Mc 4,26).

Não é de estranhar que nem todos os esforços do diretor surtam efeito em todos, pois que nem a ação do próprio Deus adianta a todos para sua salvação, sendo *muitos os chamados e poucos os escolhidos* (Mt 22,14). Nem toda a semente vinga e os que buscam tesouros, de boa vontade, cavam muita terra para finalmente achar um pouco de ouro ou de prata. Tão grande é a utilidade do bom diretor quanto seria grande o prejuízo de sua falta, bem assim como a luz tamanho bem é, quão grave mal é sua ausência.

Sirva, ainda, de estímulo ao bom diretor para suportar a dificuldade de seu emprego que não colherá menos mérito em tratando dos que desfalecem ou pouco avançam, do que tratando dos que muito prosperam. Não diz o Apóstolo: *cada qual recebe sua recompensa de acordo com o sucesso, mas sim de acordo com o seu trabalho, porquanto o merecimento, esse é que Deus o dá* (1Cor 3,8). Mais trabalhoso é para o mestre um discípulo incapaz do que um inteligente, e por isso mais mérito terá aos olhos de um justo apreciador do seu trabalho. Mais moureja o lavrador em uma terra estéril e pedregosa; e embora seja mais parco o fruto, mais lhe terá apreço; o que mais custou a se fazer, em geral mais caro se vende.

Capítulo V
Da exemplaridade da vida, quarta asa dos prelados.

A quarta asa consiste em ser modelo de vida. O superior deve ser norma de vida para os demais, para que as suas lições orais venham ilustradas com o exemplo concreto de sua conduta, à maneira do que faz o mestre de geometria que ensina desenhando na areia, para melhor compreensão. *Começou Jesus a fazer e a ensinar* (At 1,1). No mesmo sentido diz São João (13,15): *Dei-vos o exemplo para que, como eu vos fiz, assim façais vós também.* E o Livro dos Juízes (1,17): *O que me virdes fazer, fazei-o vós.*

Por mais que o superior deva marchar à frente dos súditos, não só nas que até aqui ficaram expostas, senão em todas as demais virtudes, sirva, todavia, de particular exemplo nas três seguintes: na conformidade com a observância comum, na humilde mansidão e na decorosa gravidade. *Faze-te a ti mesmo um modelo de boas obras em tudo, na doutrina, na integridade, na gravidade* (Tt 2,7).

Observe-se com os demais a vida comum, no vestuário e no trabalho. Não seja dado a comezainas e beberetes, enquanto os outros se contentam com sóbria comida e bebida. Nem se distinga, no hábito, daqueles com os quais tem de comum a profissão. Tampouco se exima dos trabalhos dos demais, ele que os manda fazer. O pastor que se separa do rebanho expõe as ovelhas a serem investidas pelos lobos. Seja são com os sãos, e enfermo com os enfermos: *Fiz-me fraco com os fracos, para ganhar os fracos. Fiz-me tudo para todos, para salvar a todos* (1Cor 9,22). Pois, se, tendo saúde, se trata delicadamente, torna a todos carnais com seu exemplo; e se, estando doente, recusa remédios próprios dos doentes, torna-os pusilânimes, insinuando-lhes a proceder da mesma forma, ou dando a entender que não quer para passar melhor do que os outros.

O soldado em campanha luta mais valorosamente vendo seu capitão partilhar com ele os trabalhos da peleja. *Durante todo o tempo, em que o Senhor Jesus viveu entre nós, começando desde o batismo de João até o dia em que foi arrebatado ao céu dentro nós* (At 1,21). Isto é, desde o primeiro tempo em que começou a ter discípulos depois do batismo, até que subiu ao Pai, sempre nos instruiu com seu exemplo, "entrando", quer dizer, vivendo familiarmente com os discípulos, e "saindo", isto é, conversando proveitosamente com as multidões, conforme convinha.

Seja também humilde em seus costumes, de sorte a demonstrar que não se tem em grande conta, nem tem apego à presidência, que antes a receia, ocupando-a só por espírito de obediência; faça como um que antes quisera ser súdito, reputando os seus governados melhor do que ele, e considerando-se antes criado do que mestre e senhor deles: *Quem entre vós é o maior, faça-se como o mais pequeno, e o que governa seja como o que serve* (Lc 22,26). *Puseram-te como chefe?* – Pergunta o Eclesiástico. – *Não te ensoberbeças por isso. Sê entre eles como um deles mesmo* (32,1).

Seja ele de trato humilde, para que os súditos lhe tenham fácil acesso e ousem falar-lhe com franqueza do que precisam. Ouça-os com paciência e de bom grado os atenda. Instrua-os com solicitude e exorte-os com gosto.

Faça por ser antes amado que temido, porquanto com maior prazer se obedece a quem se ama do que a quem se teme. Obedecer por amor é propriamente obedecer voluntariamente, ao passo que fazê-lo por temor é fazê-lo coagido. Quanto mais, pois, a obediência tem o caráter de voluntária, tanto mais sublime é seu mérito. O escopo do governo é encaminhar os governados à vida eterna e promovê-los aos merecimentos e virtudes requisitadas.

Seja também humilde no uso das coisas temporais, de modo a não ter nem querer para si nada de pomposo. Pelo contrário, tudo quanto é do seu uso, testemunhe voluntária pobreza e humildade: indumentária, livros, cela, cama, móveis, mesa, mando e congêneres, de sorte que em nada apareça indício algum de jactância ou esquisitice, nem permite que outros possuam objetos de tais predicados. Cada qual com seu igual. O que é rico, aos ricos; o que é humilde, aos humildes. Não é próprio de um coração humilde buscar coisas curiosas, cobiçar as preciosas e ambicionar as custosas. *Ele* (o demônio) *volta os seus olhos a tudo quanto é elevado; ele é o rei de todos os filhos da soberba* (Jó 1,25).

Nisto se manifesta a decorosa gravidade (ou seja, a madureza de caráter): em não ser leviano nos costumes, isto é, em abster-se de palavras e chocarrices irreligiosas que, embora às vezes pareçam agradáveis, todavia o tornam pouco respeitado e acatado. Diz São Gregório: *Dificilmente aceitarão as admoestações de quem é leviano nos seus costumes.* Posto que o prelado deva ser mais amado, convém, todavia, que não deixe de ser temido pelos insolentes. De certo modo, sente-se mais suavemente o amor que vem mesclado de reverência. É o que se vê no amor do supremo Criador, cuja doçura mais se saboreia quanto mais sublime conceito se tem de sua majestade: *Doce e reto é o Senhor, por isso ele mostrará aos pecadores o caminho que devem seguir* (Sl 24,8).

Patenteia-se ainda a gravidade de espírito em não ser leviano de afeto no tocante às relações particulares tanto com mulheres quanto com quaisquer outras pessoas levianas. Por mais que os melhores devam ser preferidos aos de menor perfeição, e todos devam ser preferidos aos de menor perfeição, e todos devam ser abrangidos em Cristo pela esperança na salvação, porte-se, contudo, exteriormente de tal modo com todos que ninguém se julgue preterido em favor de outrem, mas que cada qual se saiba amado por ele, e com ele prive em confiança como com um amigo, para que não haja nos demais indignação ou inveja contra alguém, como sucedeu com os irmãos de José, que o odiaram por ser ele particularmente estimado pelo pai.

Do mesmo modo é prova de madureza de caráter não ser volúvel nas resoluções, nem inconstante nas suas determinações, ora gostando, ora desgostando-se da mesma coisa, querendo sem razão, ora isso, ora o contrário. Quem dará importância à sua opinião, ou obedecerá à sua vontade, vendo-o instável em uma e na outra? Sendo assim, os súditos não podem recatar a sua direção, nem tampouco sabem como dispor-se à obediência da sua vontade, com fatais prejuízos em um e no outro caso. *Examinai tudo, e abraçai o que for bom* (1Ts 5,21). *Fazei sem murmurações nem dúvidas tudo quanto fizerdes* (Fl 2,14). Salvo se houver motivo razoável de absoluta necessidade ou utilidade para a piedade em fazer-se alguma coisa de outro modo. Neste caso, não seria volubilidade, senão madureza, porque assim como seria néscio trocar o melhor pelo pior, assim também é insensata obstinação aferrar-se com tanta teimosia aos seus propósitos que deles não haja de desviar-se alguma vez, em vista de um bem evidentemente maior. *Não penseis que, se variamos as ordens, nasça isto da ligeireza ou inconstância do nosso ânimo, senão que acomodamos as nossas determinações à condição e necessidade dos tempos, como exige o bem da república* (Est 16,9). Pela mesma razão se escusou o Apóstolo, quando prometeu aos coríntios que iria, dizendo que não o prometera irrefletidamente, e sim para a sua utilidade. *Quis primeiro ir ter convosco para que recebêsseis uma segunda graça* (2Cor 1,15). Lemos no Eclesiástico (10,2): *Qual o juiz do povo, tais os seus ministros; e qual o governador da cidade, tais os seus habitantes.*

Por via de regra, os bons mestres costumam ter bons discípulos. Muitos se tornariam melhores na Ordem, e na Igreja, se os seus superiores lhes dessem os exemplos de uma vida melhor. No dia do juízo há de se pedir severa conta dos culposos de tal negligência: *Eu mesmo, diz o Senhor, vou pedir contas a esses pastores do meu rebanho, e acabarei com eles para que nunca mais apascentem o rebanho, nem se apascentem jamais a si próprios* (Ez 34,10).

O ensinamento pela palavra sem o exemplo das obras é, como a argamassa sem cal, seco e imprestável: *Eles construíram a muralha sem argamassa. Dize a esses que rebocam a muralha sem argamassa que ela cairá* (Ez 13,1).

Originais corretos dão cópias corretas; adulterados, adulteradas. Mais gravada fica a lição do exemplo do que a da palavra, porque, diz o São Gregório, *de desprezar a vida de alguém a desprezar a sua doutrina vai um nada.*

O que o diretor deve ter em mira é cristiformizar os seus governados, quer dizer: gravar neles a forma de vida e a doutrina de Cristo, de sorte que não só mentalmente dele se apercebam, mas praticamente o sigam. *Sede imitadores de Deus, como filhos muito queridos!* admoesta o Apóstolo (Ef 5,1). E insiste: *Filhinhos meus, por vós eu sinto de novo as dores do parto, até que Jesus Cristo se forme em vós* (Gl 4,19).

Mas como pela lição da palavra os súditos pouco compreendem da doutrina de Cristo, devem mostrar--lhes sobretudo em si mesmos a forma visível de Cristo, para que se lhes grave mais profundamente na alma, dizendo com o Apóstolo: *Sede imitadores meus, assim como eu o sou de Cristo.* Como se dissesse: se desejais conhecer a forma de Cristo para imitá-la, olhai-a em minhas ações: *Eu vivo, mas já não sou eu, pois é Cristo que vive em mim* (Gl 2,20).

O vigário de Cristo deve fazer as vezes de Cristo, promovendo o que é do agrado dele; isto em virtude da autoridade de Cristo e representando em sua pessoa a imagem de Cristo. Por outra: promova nos súditos o que Cristo quer, e para tanto esteja autorizado a ordenar-lhe, em nome de Cristo, tudo quanto lhes for proficiente. Mas ao mesmo tempo demonstre em si mesmo, em seus costumes e em sua vida, como o Cristo praticamente é realizável, *porque não nos pregamos a nós mesmos, mas a Jesus Cristo, nosso Senhor; nós, pois, consideramo-nos vossos servos por amor de Jesus* (2Cor 4,5).

Prega-se a si mesmo e não a Cristo aquele que, falando, procura a própria glória e com maus exemplos se oferece a si mesmo, e menos a Cristo, para a imitação dos súditos: *Esses estão cheios de zelo por vós, mas não retamente; antes querem vos separar, para que o sigais a eles* (Gl 4,17), isto é, não vos governam com verdadeiro zelo aqueles que com seus maus exemplos vos separam da imitação de Cristo, para que aprendais suas obras e sigais seus exemplos.

Capítulo VI
Da circunspecta discrição, quinta asa dos prelados.

A quinta asa do Serafim é a circunspecta discrição e a providente ponderação das coisas a fazer. Quão necessária esta discrição é ao diretor de almas manifestou-o Salomão que, havendo recebido de Deus a opção de pedir o que mais lhe aprouvesse, preteriu todo o resto e pediu a sabedoria, sem a qual, afirmava, não podia ser bem governado o povo. *Dá, pois, ao teu servo um coração dócil, para que se possa fazer justiça ao teu povo e discernir entre o bem e o mal* (1Rs 3,9). *A vós, pois, ó reis, é que são dirigidos estes meus discursos, para que aprendais a sabedoria e não caiais* (Sb 6,10). *E agora, ó reis, entendei; instrui-vos, vós que julgais a terra* (Sl 2,10).

O prelado é o guia do rebanho que lhe foi confiado. Errando ele, o rebanho, tresmalhado, perecerá. Assim como a vista é a luz para todo o corpo, assim, o pastor o é para o rebanho entregue a ele: *Vós sois a luz do mundo* (Mt 5,14). Conforme o olho é claro ou entenebrecido, assim também o corpo é claro por ele retamente ou por sendas erradas.

Ao prelado é mister uma dupla circunspecção para saber o que há de fazer e como há de fazer, pois que nem sequer o bem é simplesmente bom quando não se o faz bem, isto é, de novo conveniente. Di-lo São Bernardo: *Tira a discrição, e a virtude se converterá em vício.* Sem ela, o zelo é precipitado: *Eles têm zelo de Deus, mas não segundo a ciência* (Rm 10,2). A compaixão pretexta piedade para condescender em todas as coisas: *Quem poupa a vara, quer mal ao seu filho* (Pr 13,24). Isto quer dizer: quem, sob pretexto de comiseração, não corrige a quem peca, envia sua alma à perdição.

A paciência sem discrição torna-o relaxado no rigor do governo, fazendo-o não corrigir os rebeldes por uma ilusória humildade: *Roboão era um homem sem experiência e de coração tímido, e não lhes pôde resistir* (2Cr 13,7), isto é, àqueles que se haviam sublevado contra ele e o Senhor. Da mesma forma, faltando a discrição, qualquer bom exemplo resulta ineficaz para edificar os outros, assim como a boa comida é insossa sem o tempero do sal. *Temperarás com sal tudo o que ofereceres em sacrifício* (Lv 2,13), quanto mais *o culto racional que lhe deveis* (Rm 12,1). *Se ofereceres bem, sem haveres dividido bem, pecaste* (Gn 4,7), quer dizer: não basta agir bem; é indispensável refletir com discrição como, quando, onde e por que se há de agir.

Há muitas particularidades que exigem a circunspecção da parte do superior. Não se pode examinar a todas em tão pouco espaço. Todavia, há quatro que me parecem requerer especial providência.

No capítulo 28 do Êxodo, manda-se ao pontífice que entra no santuário para servir ao Senhor que leve sempre no peito, entre outros ornamentos, "o racional do juízo", com quatro ordens de pedras engastadas de modo a conter cada ordem três pedras preciosas encastoadas em ouro. Comparável ao pontífice que entra no santuário para servir ao Senhor é o prelado que assume a cura das almas, para prestar um serviço muito grato ao Senhor na salvação daquelas mesmas almas, porquanto nenhum sacrifício é mais bem-aceito a Deus do que o zelo das almas.

Entre outras mostras de virtudes, o prelado deve tomar a peito quatro delas, que dizem respeito ao seu ofício, e per-pensá-las criteriosamente.

A primeira é: como há de governar devidamente os que foram confiados aos seus cuidados, a fim de que, como bons súditos seus, progridam e perseverem. A segunda: como há de corrigir e emendar os que caíram e se desvia-ram. A terceira: como disporá convenientemente os afaze-res exteriores que reclamam sua atividade. A quarta: como há de proceder e se portar neles.

Estas pedras preciosas em cada uma das fileiras são as que pertencem a cada uma das quatro ordens.

Para corresponder ao seu ofício convém que o superior conheça perspicuamente as inclinações, a consciência, a in-teligência e os talentos de todos os seus súditos, a fim de im-por-lhes o jugo da regular observância, conforme convém a cada um. Pois nem todos podem igualmente tudo, e *cada um tem de Deus o seu próprio dom, uns de um modo, e outros de outro* (1Cor 7,7). Diz-se no Livro dos Números (4,19): *Aarão e seus filhos estraram, e eles mesmos dispuseram os encar-gos de cada um, e separaram o que devia cada um levar.* Aarão e seus filhos são os prelados maiores e menores que devem entrar, isto é, conhecer o interior de cada um, e, conforme convier, impor a cada um deles o cargo da vida religiosa se-gundo a tríplice classe de observações que são as três pedras preciosas na primeira fila das quatro ordens sobreditas.

A primeira obrigação consiste nos requisitos para a sal-vação, provenientes da profissão, estando de tal modo ane-xos à Ordem e à Regra que sua temerária transgressão induz em pecado mortal. Tais são a obediência de preceito, a po-breza voluntária, a castidade e outras coisas ordenadas sob preceito. Nelas não cabe dispensa do superior, porquanto ele mesmo é obrigado a observá-las. Compenetre-se o prelado da sua obrigação de fazer observar estes pontos cuidadosamente por todos e não permitir, de forma nenhuma, quanto dele depende, que alguém se exima, ainda que daí resulte a ele ou aos irmãos alguma grande tribulação ou incômodo: *Quem nos separará do amor de Cristo? Será a tribulação? Ou a angústia? Ou a fome? Ou a nudez? Ou o perigo? Ou a perseguição? Ou a espada?* (Rm 8,35).

Isto vai contra aqueles que dizem: se procedermos desta maneira ou daquela outra, não obteremos o necessário para os irmãos, e não poderão sustentar-se... Entretanto, tal modo de conseguir as coisas contradiz à Regra, é escandaloso e indecoroso para a Ordem. Melhor é, pois, não haver religiosos onde não podem ou não querem viver como tais. Assim, nem eles perecem, nem outros se escandalizam por causa deles. *Quem escandalizar um destes pequeninos que creem em mim, melhor lhe fora que lhe pendurassem ao pescoço a mó de um moinho e que o lançassem ao fundo do mar* (Mt 18,6). Que será então daquele que escandalizar a muitos e a adultos?... Esta consideração deve ser a primeira pedra preciosa a resplandecer no peito do pontífice, isto é, o que há de procurar acima de tudo.

A segunda obrigação diz respeito a tudo aquilo que se refere ao exercício de uma perfeição mais elevada, quer dizer, ao exercício de uma paciência singular, de uma humildade admirável, de uma caridade estupenda, de uma sobriedade sublime, e de outras virtudes idênticas.

A eles deve o superior afeiçoar os seus súditos com exortações, avisos e exemplo, atraindo de tal sorte que deverão se entusiasmar por estas práticas, e não vão como constrangidos. Porque os conselhos da perfeição se aconselham, não se mandam, exceto os que pertencem diretamente à natureza dos votos, como a continência.

A principal finalidade das ordens religiosas consiste em serem escoladas de perfeição. Entre os antigos havia um jogo chamado palestra. Os lutadores que nela tomavam parte, antes do jogo, ungiam-se com óleo (pois lutavam desnudos) para que não pudessem ser segurados pelos adversários e, uma vez segurados, eram deitados em terra e subjugados. Tiremos daí uma comparação bem própria para o combate dos religiosos: *Todos aqueles que combatem na arena, de tudo se abstém*, adverte o Apóstolo. Leve, pois, o diretor, no seu peito, mais esta pedra preciosa, a fim de ensinar e incitar os seus súditos não só a trilharem o caminho conducente à salvação, mas a aspirarem à perfeição, a fim de que alcancem no céu uma sublime glória.

A terceira obrigação consiste naquelas coisas que não são nem de absoluta necessidade à salvação, nem imprescindíveis para uma eminente perfeição. Todavia, foram estabelecidas pelos Santos Padres como meios de conseguir e conservar esta e aquela. Referem-se à prática de boas obras, ao decoro da Ordem, à edificação dos fiéis, como sejam os jejuns, o silêncio, a solenidade do culto divino e outras virtudes congêneres. Os exercícios corporais, no dizer do Apóstolo, são tão úteis para a perfeição e salvação como o são instrumentos para as obras artísticas. Todavia, não são de necessidade absoluta, pois que obras de arte podem ser lavradas pelos artistas de outra maneira, pois que as artes existiram antes que houvesse instrumentos especiais. Por isso, o superior discreto e prudente poderá dispensar tais observâncias segundo o lugar e o tempo, se o exigir a necessidade segundo o lugar e o tempo, se o exigir a necessidade ou o requerer uma utilidade maior, sempre que houver razão suficiente. No demais, não existindo necessidade nem motivo razoável de dispensa dos ditos ofícios, fá-los-á cumprir com diligência. Para isso, o prelado precisa de não pouca discrição e prudência, a fim de saber guardar o meio-termo entre o rigor e a frouxidão. Pois, se for excessivamente rigoroso, já não será amado pelos súditos. Menos voluntariamente lhe obedecerão em outras coisas mais úteis e necessárias. Por outro lado, se for demasiadamente frouxo, logo aumentará a inobservância. *Aquele que despreza as coisas pequenas, pouco a pouco cairá.*

Igualmente se provará a discrição do prelado na correção dos que caíram. Esta é a segunda ordem que encerra três pedras preciosas, pois para ela é necessária uma tríplice moderação de ânimo, conforme as três classes de delinquentes.

Há alguns que, depois de haverem fraquejado, ou movidos interiormente pelo espírito, ou corrigidos por alguém, imediatamente acodem ao remédio da penitência. A estes o médico espiritual aplicará remédios corretivos de natureza branda, visando a satisfação a Deus pela ofensa, e ao próximo pelo escândalo. Todavia, o remédio corretivo seja, por um lado, bastante rigoroso para incutir nos demais o temor de pecar e, por outro, seja tão suave que ninguém se arrependa de se haver submetido à penitência. *Irmãos, se algum homem for surpreendido em algum delito, vós que sois espirituais (médicos), admoeste-o com espírito de mansidão; refletindo cada um sobre si mesmo, não caia também na tentação* (Gl 6,11); isto é, imponde-lhe tal penitência que lhe faça conhecer a gravidade da culpa; simultaneamente, porém, proceda com a mesma clemência que desejava experimentar caso ele mesmo delinquisse em pecado idêntico.

Há outros que, tendo pecado, encobrem, paliam e se escusam, e o vírus interior permanece oculto. Por mais que o superior conheça por indícios certos que ali se juntou matéria purulenta, esta, sem embargo, não se manifesta exteriormente nem por algum testemunho evidente, nem por uma confissão espontânea, de sorte que não pode cortar oportunamente com o cutelo de uma aberta correção. Se corrige, nada aproveita. Espalha o conhecimento do vício, mas não consegue corrigir o vicioso. Se se comove e dissimula o fato, inquieta-se e angustia-se pela alma do irmão e pela sua, por não corrigir o delinquente.

Em consequência, não podendo convenientemente fazer outra coisa, só resta calar-se e exercitar-se na paciência. O que não pode conseguir corrigindo, trate de consegui-lo rezando, a fim de que Deus corrija o delinquente o mais depressa possível, ou desvende a malícia oculta para aplicar-lhe o remédio adequado.

Foi assim que o Senhor tolerou por longo tempo a Judas, seu traidor. Não o corrigiu abertamente até que cresceu a tal ponto sua iniquidade que de si mesma se manifestou de modo patente a todo o mundo. Todavia, enquanto esta permanecia oculta, posto que Judas estivesse mortalmente enfermo em sua malícia, não prejudicava aos outros. Por isso podia ser tolerado em silêncio sem repreensão. "Deixai crescer uma e outra coisas até à ceifa", isto é, a cizânia com o trigo. *Aquele que é impuro, continue na impureza* (Ap 22,11).

Contudo, esses tais devem ser cautelosamente preservados da ocasião do pecado e admoestados em termos gerais para se reconsiderarem. *Ai daquele homem por quem será entregue o Filho do homem!* E como Judas não teria caído de repente em um crime tão terrificante, se por longo tempo não tivesse progredido de mal a pior, vê-se que foi tolerado pelo Senhor por muito tempo no seu mau estado: *Eu estava calado e parecia não ver* (Is 57,11). Todavia, esta tolerância do diretor necessita de muita discrição para que não aberre da justiça. Esta é a segunda pedra preciosa da segunda ordem do pontífice.

Outros, enfim, pecam gravemente, abertamente e não aceitam a devida correção, ou a aceitam fingidamente, porque não se emendam. Por sua causa, outros se tornam piores, ou se escandalizam, ou principiam a imitá-los. Vendo que aqueles pecam impunemente, pretendem ser perdoados como se perdoar àqueles.

Por conseguinte, onde quer que se encontrem estas quatro circunstâncias: que se peque gravemente, abertamente, que não haja esperança de emenda por causa da obstinação ou do hábito inveterado do mal, e que infeccionem a outros por seu exemplo, ou que outros se escandalizem por serem toleradas tais coisas – não resta, senão, que seja expulso, como ovelha enferma, e seja cortado o membro podre, a fim de impedir que por ele se contaminem os sãos. *Oxalá, que fossem mesmo cortados os que vos perturbam!* (Gl 5,12). *Tirai do meio de vós o mau!* (1Cor 5,13). *Se o infiel se separa, separe-se!* (1Cor 7,15). *Corta, pois, a figueira que não dá fruto! Para que há de ocupar ainda a terra?* (Lc 13,7). *Manda aos filhos de Israel que deitem fora do acampamento todo o leproso, e o que está imundo por tocado em um morto, para que o não manchem, habitando eu convosco* (Nm 5,2).

Entretanto, não se proceda impetuosamente, mas apoiado no maduro conselho de prudentes e de tais que possuem o espírito de Deus e o dom do conselho: *Não*

*faças coisa alguma sem conselho; e depois de feita não te arre-
penderás* (Ecl 32,24). *O que escandalizar um destes pequeninos, que creem em mim, melhor lhe fora que lhe pendurassem ao pescoço a mó de um moinho e o lançassem ao fundo do
mar* (Mt 18,6), isto é, aquele cuja vida em hábito religioso
mais escandaliza do que edifica os simples. É preferível
que, expulso fora, pereça sozinho antes que seja contami-
nada por ele a sagrada religião.

A terceira ordem refere-se aos negócios que devem ser
dispostos pelo prelado. Convém que de alguns deles en-
carregue a outro; de outros se incumba ele mesmo; e mais
outros há que deve afastar de si o quanto possível. Assim,
Cristo incumbiu de várias coisas a seus apóstolos, como a
Judas a bolsa, reservando para si o ofício da pregação e das
curas. Lemos, em São Lucas, que o Senhor, intimado a
dividir uma herança entre alguns irmãos, respondeu: *Homem, quem me constituiu juiz ou árbitro entre vós?*

Se o superior quisesse preocupar-se, pessoalmente,
com os serviços exteriores e temporais, ver-se-ia impedido de prover às coisas interiores e mais importantes.
Espalhando o olhar da alma, advertiria menos as coisas
interiores que são de mais importância para a salvação:
*Sê mediador do povo naquelas coisas que dizem respeito a
Deus. Desta sorte, o peso que te oprime será mais leve, sendo
repartido com outros* (Ex 18,19). *Não é conveniente que
deixemos a Palavra de Deus, para servir às mesas* (At 6,2).
E mesmo se não tivesse a quem confiar o cuidado pelos
afazeres materiais, preferível seria ser enganado por outrem nas coisas temporais do que ter que se ocupar em
semelhantes tarefas, a exemplo de Cristo, que, sabendo
que Judas era ladrão, deixou-o, todavia, incumbido com
as questões temporais. *Era ladrão, e, tendo a bolsa, rou-*

bava o que lançava nela (Jo 12,6). Isto vai contra aqueles que mais facilmente encontram a quem confiar a cura das almas do que o cuidado pelos assuntos materiais, sendo incomparavelmente maiores o risco e a responsabilidade em deixar periclitarem as almas do que as coisas temporais.

O custódio e diretor das almas deve reservar-se principalmente para si as coisas espirituais e as que são necessárias à salvação e ao progresso nas virtudes. Estas tarefas pertencem à essência do ofício pastoral. Delas há de prestar contas especiais a Deus no derradeiro juízo.

A estas incumbências pertence o cuidado sobre a diligente observância da Regra, das constituições e da disciplina da Ordem. Desvele-se pela paz e pelo amor entre os irmãos. Compete ao superior conhecer a consciência dos súditos, desembaraçá-los de qualquer perplexidade; precaver antecipadamente os perigos dos pecados; admoestar e incitar os irmãos ao progresso na perfeição, corrigir o que merecer correção, esclarecer as dúvidas, ensinar a cada um o desempenho conveniente do ofício que lhe corresponde, o modo de se haver no meio dos confrades de forma a satisfazer a todos sem lesar a própria consciência. Quando não puder contentar a todos sem ofender a Deus, então prefira a obediência a Deus e a paciência com os homens. *Deve-se obedecer antes a Deus que aos homens* (At 5,29).

O prelado representa a cabeça do corpo da comunidade, para que, enquanto os demais membros se entreguem aos trabalhos que lhes competem, presida a cabeça e proveja a todos, transmitindo, a exemplo dos nervos, o sentir e o movimento por meio de ordens e concessões. Por isso a cabeça não se ocupa em alguma ação singular, mas dedica-se ao governo de todos os membros, de sorte que é útil a todos, para todos ouve, para todos percebe, vê, fala e saboreia. Assim trabalha o prelado para os seus governados, *porque ele vela, como quem há de dar conta das vossas almas* (Hb 13,17).

Convém que ele rejeite os negócios supérfluos e desnecessários à salvação, e ao progresso das almas e, quanto oportunamente puder, afaste-os tanto de si como de seus súditos. Devido à brevidade do tempo e ao fardo de cada dia, mal somos suficientes para cuidar das coisas necessárias. Se quisermos ocupar-nos, ainda, em tarefas estranhas e supérfluas, descuidamos, naturalmente, as mais úteis e melhores, pois que o ânimo distraído em muitas coisas não é capaz de prover a cada uma delas em particular.

Daí acontece, quando prelados e religiosos se sobrecarregam de afazeres externos, de construções, livros, pleitos e outros assuntos congêneres, de que aliás melhor se absteriam, não só descuidarem durante este tempo as coisas mais vantajosas, mas chegam mesmo a manchar a consciência. Sucede que pelas ocupações exteriores se obscurece a vista da alma para a contemplação das coisas espirituais e interiores, e se entibiam no desejo das coisas celestiais. Assim como os maus humores afluem à parte enferma do organismo, formando ali, se não se precaver em tempo, um tumor ou uma chaga, assim também os negócios exteriores, acumulando-se mais a mais, fazem com que se extinga o espírito de quem condescende a ocupar nelas. Por conseguinte, a discrição do prelado deve concentrar sua atenção nas eventuais consequências de alguma empresa e considerar criteriosamente que negócios deve admitir ou até que ponto convém realizá-los. *Filho* — admoesta o sábio —, *não tenhas muitos negócios!*

É imprudente aquele que, já carregado de um fardo bastante pesado, trata de impor-se ainda mais outros fardos de que poderia estar isento.

De maneira especial, todavia, deve o diretor ser circunspecto consigo mesmo. Não suceda que, atendendo aos demais, descuide a si mesmo; que, salvando a outros, se exponha a si próprio ao perigo. *Pois, que aproveita ao homem ganhar o mundo inteiro, se vier a perder a sua alma?* (Mt 16,29).

Esta é a quarta ordem de pedras preciosas que deve ser completada com uma tríplice circunspecção, à semelhança de um ornato de três pedras precisas. *Estai alerta sobre vós, para que não percais o fruto do vosso trabalho, mas recebais uma plena recompensa* (2Jo 8).

A circunspecção, em primeiro lugar, refere-se à serenidade da consciência para que esta sempre seja segura e limpa. Digo segura, de modo que não queira, nem faça, nem mande, nem permita coisa ilícita, indecorosa ou contrária à sua profissão, capaz de provocar escândalo ou pecado.

Digo limpa, de forma que pelas boas obras que faz ou promove não pretenda glória humana, nem nelas se compraza imoderadamente, mas vise em tudo só ao beneplácito de Deus, a fim de que tudo quanto faz, como representante de Deus, seja orientado puramente para Ele e seu amor. *Se teu olho for simples, todo o teu corpo será luminoso* (Mt 6,22), isto é, se a vista de tua intenção for pura no amor, todo o corpo da boa obra será digno do prêmio da luz eterna. *Mas se o teu olho for defeituoso, todo o teu corpo estará em trevas.*

Trate, por isso, de esquadrinhar a sua consciência, examinando solicitamente o que fez e o que omitiu das coisas competentes ao seu cargo, e com que intenção praticou as boas obras. Sinta dor por causa das más; confesse-as; corrija-as e acautele-se; mas pelas boas obras glorie-se não em si, porém unicamente no Senhor. *Se nós nos julgássemos a nós mesmos, não seríamos com certeza julgados* (1Cor 11,31). Quem sacode o pó a outros não pode impedir que a si mesmo se cubra de pó também. Por isso, mister lhe é sacudi-lo igualmente a si próprio. *Médico, cura-te a ti mesmo!* Alegre-se das boas obras por ele praticadas, porém de forma tal que não se desvaneça por elas. Saiba que Deus lhe deu os seus talentos não por causa de si, e sim por causa daqueles a quem governa.

Em segundo lugar, a circunspecção sobre si mesmo se estende sobre as inclinações, hábitos, gestos e as palavras com que deverá servir mais aos outros do que a si mesmo. Necessita de grande discrição quem está obrigado a viver entre muitos e para exemplo de muitos para satisfazer a todos e agradar a cada um; para guardar o meio-termo; para não ser demasiadamente triste ou alegre; demasiado brando ou severo; demasiado sociável ou alheio; demasiado silencioso ou verboso; demasiado áspero ou brando no falar; demasiado frouxo ou rigoroso; demasiado em estar com hóspedes ou raras vezes; demasiado lauto ou escasso na comida; demasiado observador das ações dos irmãos, ou dissimulador; demasiado favorecedor de uns e desprezador de outros; e coisas congêneres.

Não podendo sempre e em tudo agradar a todos, fique sabendo que menos se desvia quando mais se inclina para benignidade. Destarte torna-se mais amável aos súditos. Esses, por sua vez, obedecem-lhe com mais prazer, e com maior confiança acodem a ele nas suas necessidades e imitam-no mais voluntariamente. Porquanto a própria autoridade já o torna bastante temível aos súditos. Se a ela acrescentar a severidade e o rigor, torna-a onerosa às almas tímidas. *Dominais sobre elas com aspereza e prepotência. Assim, as minhas ovelhas se dispersaram* (Ez 34,4-5). *Não sejas como um leão na tua casa, aterrando os teus domésticos, e oprimindo os teus súditos* (Ecl 4,35). É por isso que o próprio supremo príncipe dos pastores, o Senhor Jesus, exibiu-nos tanta caridade e benignidade para se tornar amável a nós e tão imitável, que pelo amor à sua santa Humanidade nos atraiu ao amor e ao conhecimento da sua Divindade, *para que, conhecendo visivelmente a Deus, por Ele fôssemos arrebatados ao amor das coisas invisíveis* (prefácio de Natal).

Por isso, o representante de Cristo, o prelado, procure sobretudo ser amado dos súditos para, destarte, levá-los com mais facilidade ao amor de Cristo. Sem embargo, em toda dúvida sempre se inclinará àquilo que, segundo o juízo da verdade, harmonizar mais com a virtude da caridade e com a humildade, com a pureza professada e a perfeição evangélica.

Por último, esta mesma discrição que examina todas as demais coisas deverá examinar-se a si própria. Não suceda que com o olho do corpo, com que mira as outras coisas, não se veja a si mesmo, quer dizer, *que não saiba mais do que convém saber* (Rm 12,3). Não meça a si próprio mais fé do que merece, nem se tenha em conta de sábio aos seus próprios olhos.

A propósito, observa São Gregório: *Como a tentação dos súditos consiste em criticar os superiores, porque em muitas coisas não procedem bem, assim consiste a tentação dos superiores em crerem-se mais sábios que os demais. Viste um homem que julga sábio? Há mais a esperar do ignorante do que dele* (Pr 26,12). Porque o ignorante, não se fiando de si mesmo, vai buscar o conselho dos sábios, a fim de não se enganar; ao passo que aquele, presumindo de si desmedidamente, ainda quando erra, não raro pensa ilusoriamente que procede bem.

Dentre todas as tentações, a mais perigosa para qualquer cristão parece ser a de apoiar-se demasiadamente no seu próprio juiz. Não há quem seja de inteligência tão perspicaz que não possa equivocar-se em algumas coisas. Aquele, pois, que aprova como direito somente aquilo que ele mesmo compreende, deixa a porta franqueada ao astuto adversário para várias seduções sob a aparência do bem. O demônio põe-se de emboscada com os ricos em lugares ocultos, para matar o inocente. De preferência põe-se ele de emboscada onde vê que se procuram maiores riquezas de méritos, para procurar e matar o inocente justamente ali onde esse esperava poder prestar maior obséquio a Deus. Por conseguinte, é aconselhável ao diretor ouvir de bom grado conselhos e pedi-los humildemente.

Nisto há uma tríplice utilidade: primeiro, se os outros forem do seu mesmo parecer, está tanto mais seguro de não se equivocar. Segundo, se, embora apoiado no conselho dos prudentes em tudo quanto empreende, lhe acontecer alguma contrariedade, poder-se-lhe-á imputá-la menos do que se tivesse agido unicamente conforme o seu próprio parecer. Terceiro, muitas vezes, em prêmio de sua humildade, Deus dá-lhe a conhecer por si mesmo ou por outrem o que antes não entendia. Por isso, Moisés, a quem Deus falava face a face, aceitou agradecido e seguiu o conselho do seu sogro Jetro. Pelo mesmo motivo, o Apóstolo São Paulo, cheio do Espírito Santo, por inspiração de Jesus Cristo, subindo a Jerusalém, conferiu com São Pedro, São João e São Tiago, seus coapóstolos, o evangelho que recebera por revelação de Jesus Cristo, a fim de estar mais seguro ao pregá-lo, não discordando deles, e dando assim aos bons prelados o exemplo de pedir conselho. *Não faças coisa alguma sem conselho,* adverte o Sábio – *e não te arrependerás depois dela feita.*

Certos indivíduos, entretanto, ao serem elevados ao ofício do governo, no mesmo instante se consideram tão repletos do espírito de sabedoria, que olham como néscios e imprestáveis todos os trabalhos dos seus antecessores. Outros, pelo contrário, quando absolvidos de ofício, reprovam igualmente tudo quanto empreendem seus sucessores, sem se lembrarem de que, assim como eles rebaixam as obras dos outros, esses, por sua vez, também rebaixarão as deles. *Ai de ti que devastas! Porventura, não serás também tu devastado? E tu, que desprezas, não serás também desprezado? Quando acabares de devastar, será devastado; quando, já cansado, deixares de desprezar, serás desprezado!* (Is 33,1). Porque as ações de ninguém costumam ser submetidas tão rigorosamente à criteriosa observação dos outros como as daquele que julga severamente as ações dos demais, para observarem se não é repreensível naquilo mesmo que censura.

Há, porém, duas classes de homens cujo conselho o prudente diretor não deve aceitar facilmente: são os aduladores e os difamadores. Os primeiros o iludem, fazendo-o presumir de si desmedidamente. *Os que te chamam bem-aventurado; esses mesmos te enganam e destroem o caminho que deves seguir* (Is 3,12), para que não penses de ti com a humildade do verdadeiro conhecimento de ti próprio. Os segundos te induzem a suspeitar dos outros mais do que merecem, e a condenar muitas vezes o inocente, mesmo antes de conhecer plenamente a verdade. *Enganam com cautelosa sagacidade os ouvidos sinceros dos príncipes, que julgam dos outros como de si mesmo, e chegam a tal grau de loucura que, com os artifícios da mentira, procuram arruinar aqueles que cumprem com exatidão os cargos que lhes foram confiados, e procedem em tudo de sorte que se tornam dignos de aplauso comum* (Est 16,6).

Para três efeitos costuma-se buscar conselho: para a instrução, a fim de saber com certeza aquilo de que se duvidava; para a autoridade, a fim de confirmar aquilo que foi estabelecido segundo os conselhos anteriormente perdidos; e para a paz, a fim de que ninguém tenha ocasião de murmurar.

Para o primeiro efeito, consultem-se os mais prudentes. Para o segundo, os mais famosos. E, para o terceiro, todos aqueles a que toca o assunto. Mas, como são inúmeras as coisas em que é necessária a discrição, não se pode estabelecer uma norma certa e geral que valha para todas.

Capítulo VII
Da devoção a Deus, sexta asa dos prelados.

A sexta e última asa, de todas a mais importante, sem a qual são imperfeitas todas as anteriores, é a devoção a Deus. Pois a graça divina acende em nós o zelo pela observância, infunde a piedosa compaixão, fortalece a paciência, produz o bom exemplo e torna perspicaz a discrição.

A devoção a Deus é aquela unção do Espírito Santo que instrui em todas as coisas necessárias para a salvação: *Permaneça em vós a unção que recebeste do Espírito Santo. Vós não tendes necessidade que alguém vos ensine uma nova fé; mas conforme a sua unção vos ensina todas as coisas, e ela é a verdade, e não é mentira* (1Jo 2,27).

A devoção ilumina a inteligência para conhecer o que é melhor: *Ele vos ensinará todas as coisas, e vós as recordarás* (Jo 14,26).

Inflama no desejo do bem: *Os que me comem, ainda terão fome, e os que me bebem, ainda terão sede* (Eclo 24,29).

Dá forças para agir: *Deus é o que opera em vós o querer e o executar, segundo o seu beneplácito* (Fl 2,13).

Inspira horror aos pecados: *Abominei a iniquidade* (Sl 118,163).

Ordena as ações para a virtude e compõe os costumes exteriores e as palavras: *Nunca privei com gente licenciosa, nem tive comércio com os que se comportam com leviandade* (Tb 3,17).

Dulcifica a ciência da fé: *A sabedoria que instrui é conforme ao nome que tem* (Eclo 6,23), quer dizer, é uma ciência saborosa.

Levanta a esperança e a confiança: *O mesmo Espírito dá testemunho ao nosso espírito de que somos filhos de Deus* (Rm 8,16).

Abrasa o amor de Deus: *A caridade de Deus está difundida em nossos corações pelo Espírito Santo que nos foi dado* (Rm 5,5).

Torna-os amigos de Deus: *O Senhor falava a Moisés face a face, como sói um homem falar ao seu amigo* (Ex 33,11).

Infunde a confiança de alcançar o que se pede: *Temos confiança diante de Deus e, quanto lhe pedirmos, dele receberemos* (1Jo 3,21).

Torna o homem piedoso e afetuoso: *Suave, amigo do bem, benéfico, amante dos homens, benigno é o espírito da sabedoria* (Sb 7,22).

Humilha o coração: *Para quem olharei eu, se não para o pobrezinho e contrito do coração?* (Is 66,2).

Confere constância nas adversidades: *O Senhor é minha iluminação e minha salvação; a quem temerei?* (Sl 26,1). *Quem separar-nos-á do amor de Cristo?* (Rm 8,35).

Torna deleitáveis todas as coisas boas: *A sua conversação não tem nada de desagradável, nem a sua companhia nada de fastidioso, mas tudo nela é satisfação e alegria* (Sb 8,16).

Eleva a alma às coisas celestiais: *Se voltasse para ele o coração, atrairia a si o espírito e o alento dele* (Jó 34,14).

Faz com que o mundo nos seja desprezível: *Vi tudo o que se faz debaixo do sol, e achei que tudo era vaidade e aflição de espírito* (Ecl 1,14).

Obriga a anelar pelo céu: *Estou em aperto por duas partes: tenho desejo de ser desatado da carne e estar com Cristo* (Fl 1,23).

Apaga os pecados e as penas dos pecados: *Perdoados lhe são os muitos pecados, porque muito amou* (Lc 7,47).

Sublima os merecimentos: *Se as riquezas se apetecem na vida, que coisa há mais rica do que a sabedoria que faz todas as coisas?* (Sb 8,5).

Edifica grandemente o próximo: *Para oferecer-lhe incenso digno em perfume de suavidade* (Eclo 45,20). *Somos diante de Deus o bom odor de Cristo* (2Cor 2,15).

Espanta os demônios: *Seu fumo afugenta todo gênero de demônios* (Tb 6,8).

Convida a todos os anjos e santos: *Foram adiante os príncipes, juntamente com os que cantavam salmos* (Sl 67,26). *Quando tu oravas com lágrimas, eu apresentei as tuas orações ao Senhor* (Tb 12,12).

A graça da devoção confere estas e muitas outras coisas. O diretor das almas seja, por isso, particularmente desejoso de possuí-la, a fim de orientar-se continuamente por ela, a fim de ser assistido por ela em tudo quanto empreende, e a fim de manter-se no reto caminho, e nunca se desviar. Não precisa de rezas apenas para si, mas ainda por todos aqueles que foram confiados à sua direção. Não pode guardá-los sem o auxílio divino. *Se o Senhor não guardar a cidade, inutilmente se desvela quem a guarda* (Sl 126,1).

O prelado é mediador entre Deus e os homens, seus súditos, a fim de que, assim como representa entre eles os interesses de Deus ensinando, corrigindo e exortando, assim também procure fielmente defender perante Deus os interesses dos súditos, aplacando a Deus pela oração, conseguindo para os súditos a graça e livrando-os do mal. *Eu fui, naquele tempo, o intérprete e o mediador entre o Senhor e vós, para vos anunciar as suas palavras* (Dt 5,5).

* * *

Há, no entanto, uma devoção comum, outra especial, e mais outra assídua. A comum consiste nos divinos ofícios; a especial nas orações particulares; e a assídua em tudo o que se faz.

No tocante ao Ofício Divino, o superior deve ter um tríplice cuidado:

1º. Que tudo se faça ordenadamente, e não confusamente, sem vacilações, a fim de que cada qual desempenhe congruamente o ministério a ele atribuído. *Tudo se faça com decência e ordem*, admoesta o Apóstolo, *Davi e os príncipes do exército escolheram para o ministério do Senhor... a fim de tocarem cítaras, saltérios e címbalos, servindo segundo o seu número no emprego que lhes tinha sido destinado* (Pr 25,1).

2º. Que desempenhe o divino ofício estrenuamente, sem indolência: *Maldito seja o homem que faz a obra do Senhor fraudulentamente!* (Jr 48,10).

3º. Que se reze o divino ofício com devoção e reverência, sem distração e ruído, mas distinta a atentamente, como na presença dos anjos e na presença de Deus: *De todo o coração e com a boca, louvai todos juntos, e bendizei ao Senhor!* (Eclo 39,41).

Ordenou o Espírito Santo que na Igreja se celebrasse o divino Ofício por cinco causas:

1º. Por ser uma imitação do cântico celestial, em que os santos e anjos do céu se ocupam assiduamente louvando ao Senhor. *Bem-aventurados, Senhor, os que moram em tua casa; pelos séculos te louvarão* (Sl 83,41).

Em seguida, porque, conforme a sua promessa: *Vede que estou convosco todos os dias até a consumação dos séculos*, Cristo se digna estar verdadeiramente conosco, tanto sacramental como espiritualmente. É pois, conveniente que, à medida da nossa capacidade, lhe prestemos o tributo de honra e louvor, à semelhança do céu, homenageando-o, quando não initerruptamente como os cantores celestiais, ao menos interpoladamente, salmodiando com alegria, imitando, de acordo com a nossa fragilidade, *aquela Jerusalém que está no alto e que é nossa Mãe* (Gl 4,26).

2º. Porque, agradecidos aos benefícios de Deus, a determinadas horas, lhe devemos dar graças, louvando e rogando-o continuamente, pois durante a noite Jesus nasceu da Virgem Maria; pela manhã apresentou-se ao juiz para a Paixão; ressurgiu ao amanhecer; à hora de terça (às 9) foi acoitado, e depois enviou à mesma hora o Espírito Santo aos seus apóstolos; à hora de sexta (às 12) foi crucificado; à hora nona (15h) morreu por nós na cruz; à hora das vésperas (ao entardecer) nos deu na Ceia o sacramento do seu corpo e sangue; e à hora das completas foi sepultado.

De mais a mais, a celebração das missas não só nos leva a recordar o mistério da Paixão, mas também nos confere a graça da sua presença, e em forma de sacramento nos alimenta espiritualmente por si mesmo. Por conseguinte, sendo justo nunca nos esquecermos destes benefícios, convém ainda honrá-los sempre a determinadas horas: *Lembrar-me-ei das misericórdias do Senhor por todos os bens que o mesmo Senhor nos deu* (Is 63,7).

3º. Para que nos excitemos assiduamente a nós mesmos à devoção, e sempre de novo nos inflamemos no fogo do amor de Deus, a fim de que este não se entibie pela desídia ou pelas ocupações: *Este é o fogo perpétuo, que nunca faltará sobre o altar e que o sacerdote conservará, pondo-lhe lenha todos os dias pela manhã* (Lv 6,13). Este fogo é o fervor da devoção que sempre deve arder no altar do coração, e que o sacerdote piedoso sempre deve conservar, pondo-lhe a lenha do louvor divino, para que não se apague jamais: *Bendirei ao Senhor em todo o tempo* (Sl 33,2).

4º. Porque contribuiremos, destarte, para que os simples fiéis que não sabem escolher para si os tempos certos para rezar, acostumem-se à oração, a fim de que ao menos venham à Igreja, rezado por ocasião dos louvores divinos. Sentirão menos fastio de estarem ali enquanto observam os clérigos celebrando o Ofício. *E toda a multidão do povo estava fazendo oração da parte de fora, à hora do incenso* (Lc 1,10). Muitos cristãos jamais se preocupariam com a oração se, ordinariamente e a certas horas, não fossem, por costume, chamados à igreja para rogarem a Deus na celebração dos divinos ofícios.

5º. Porque o exige o decoro da religião cristã. Se os judeus, os pagãos e alguns hereges fazem suas reuniões, celebrando ali as suas cerimônias profanas e observando os ritos da sua perfídia, muito mais justo é que os possuidores dos verdadeiros e sacrossantos mistérios dos sacramentos se reúnam frequentemente para celebrá-los e venerá-los, homenageando ao seu Criador com as devidas solenidades e louvores. Granjeiam assim não somente graças mais copiosas, mas a própria vida eterna. Por essas mesmas solenidades são ainda atraídos os simples cristãos à reverência e ao amor à santa religião. *Deu esplendor às festividades, e brilho aos dias solenes até ao fim da sua vida, para que louvassem o santo nome do Senhor, e engrandecessem desde manhã a santidade de Deus* (Eclo 47,12).

Dentre todas as práticas externas, portanto, deve ser concentrada a maior solicitude para o Ofício Divino, a fim de realizá-lo, como já ficou dito, ordenada, diligente e devotamente. Todos os nossos demais trabalhos fazemo-los para Deus, de modo geral. Durante o Ofício Divino, porém, estamos diante de Deus, concentramo-nos nele e lhe falamos, e Ele nos fala, e simultaneamente pedimos seu auxílio para as nossas necessidades.

* * *

A devoção especial consiste nas orações particulares, como na recitação de orações vocais, de salmos, ladainhas, e outras idênticas que cada um faz em particular. *Quando orardes, dizei: Pai nosso que estais no céu* etc.

Consiste, ainda, nas santas meditações, quando cada qual, ante os olhos de sua alma, repassa os próprios pecados e mistérios, os futuros tormentos, ou os benefícios de Deus gerais e particulares, a paixão de Cristo e a doçura de sua bondade, como ainda os prêmios prometidos, para haurir nessas meditações afetos de devoção, de temor ou de amor de Deus, de desejo, de compunção ou de gozo espiritual: *Durante a noite, meditei no meu coração* (Sl 76,7).

Consiste, finalmente, em piedosos afetos, em lágrimas e suspiros, em santos desejos de amor e em outros movimentos do coração internos e inefáveis, em júbilos, em arroubos ou êxtases. O espírito todo se absorve em

Deus e, aderindo a Deus, se torna um e mesmo espírito com ele pela luz da pura inteligência, pela cognição de Deus, pelo amor de sua caridade e pela aglutinante união com ele na fruição: *O mesmo Espírito ora por nós com gemidos inexplicáveis* (Rm 8,26).

Embora o prelado seja impedido, pelo cuidado de suas várias tarefas, de dedicar-se a miúde à devoção especial, abandone-se à prática da oração pelo menos de vez em quando, sempre que puder, como que furtivamente e de passagem, a fim de não se entibiar de todo, a fim de não perder o costume de orar e não se tornar estranho a Deus, e para que não lhe seja subtraída, quase insensivelmente, a graça da divina propiciação. Por isso, Moisés, quando se achava assediado pelos negócios do povo, recorria frequentemente ao Senhor no Tabernáculo da Aliança. Suplicava e conversava familiarmente com Deus, e refazia seu espírito. Também o próprio Senhor, pregando dia por dia às multidões, retirava-se e pernoitava sozinho na oração.

Posto que seja escasso o seu tempo para rezar, todavia, em razão do seu ofício, o prelado está obrigado, particularmente, a orar pelos seus súditos. Por isso, recebe, de quando em vez, em atenção ao seu ofício, graças de oração mais abundantes, para servir também pela oração àqueles a quem serve pelos seus trabalhos. Não se descuide de buscar essa graça e não a rejeite ao ser-lhe oferecida, a fim de que não se lhe retire em castigo de sua ingratidão.

* * *

Enfim, deve possuir a devoção assídua, como devem possuí-la todos aqueles que se querem adiantar na virtude. Esta devoção é tríplice:

1º. Consiste na perene presença de Deus aos olhos da alma: *Eu via a Deus sempre em minha presença* (Sl 15,8). *Os meus olhos estão sempre voltados para o Senhor* (Sl 24,15).

Sempre e em toda a parte deve o homem olhar para Deus, como estando em sua presença e vendo-o mentalmente. Por isso, soíam dizer Elias e Eliseu: *Vive o Senhor Deus, em cuja presença estou.*

Assim como os anjos, aonde quer que sejam enviados, jamais se apartam da divina contemplação, assim também o homem de virtude, à medida de suas forças, não aparte nunca do seu coração a lembrança de Deus. E caso alguma vez lhe suceda este esquecimento, repreenda-se logo a si mesmo. Por isso dizia São Bernardo: *Considera perdido todo o tempo durante o qual não pensaste em Deus.*

Embora não possas ter sempre profundamente fixo o teu pensamento em Deus pela meditação, ao menos dirige a Ele os olhos de tua alma, recordando-te do Senhor, e sempre que se apresentar oportunidade, transforma essa mesma recordação em meditação ou oração, a exemplo do artista que carrega consigo o material para lavrar uma imagem e, sempre que se lhe oferece oportunidade, trabalha nela esculpindo.

2º. A devoção assídua consiste no contínuo desejo de agradar a Deus em cada ação e palavra, para que sempre, como quem está em sua presença, se abstenha de tudo quanto lhe desagrada e, se porventura lhe tiver desagrado, logo se arrependa.

Procure saber em que e como lhe poderá agradar mais: *Por isso esforçamo-nos por lhe agradar, quer ausentes do corpo, quer presentes no corpo; porque é necessário que todos nós compareçamos diante do tribunal de Cristo* (2Cor 5,9).

O religioso deve portar-se sempre como se logo tivesse de comparecer ao tribunal do Juiz: *Estai preparados, porque, na hora em que menos cuidardes, virá o Filho do homem!* Ele vê tudo quanto fazemos. Assim como, a despeito da dilação do tempo, não se olvida das boas obras a fim de as premiar, tampouco se olvida das más para as castigar, a menos que sejam apagadas pela penitência.

> Todo o homem que desonra o teu tálamo conjugal, despreza a sua alma, dizendo, quem me vê? As trevas cercam-se, e as paredes cobrem-me, e ninguém de parte alguma olha para mim; de quem tenho eu receio? O Altíssimo não se lembrará dos meus pecados. E não considera que a vista do Senhor vê todas as coisas (Eclo 23,25).

3º. A devoção assídua consiste em prevenir, pelo menos com a oração mental, todas as coisas a empreender, em fortificar-se pela oração para todas as eventualidades; em corresponder a todos os benefícios com ações de graças e louvores a Deus.

Supliquemos ao Senhor que nos inspire salutarmente tudo quanto temos que fazer; que aumente em nós e conserve os seus benefícios.

A exemplo do marinheiro que, prevendo a borrasca, se apressa em refugiar-se num porto seguro, assim o religioso deve refugiar-se constantemente no porto da oração, onde escapará dos golpes e dos perigos. Em todos os seus trabalhos, confie mais na oração que na própria habilidade e trabalho. *Como não sabemos o que devemos fazer, por isso não nos fica outro recurso que voltar para ti os nossos olhos* (2Cr 10,12). Isto é, na oração; *Vede que, assim como os olhos dos servos estão fixos nas mãos dos seus senhores, e como os olhos da escrava nas mãos de sua senhora, assim os nossos olhos estão fixos no Senhor, nosso Deus, até que tenha misericórdia de nós* (Sl 122,2).

Conclusão

Assim, pois, adornado com estas e outras asas, o Serafim, quer dizer, o prelado espiritual, assista *diante do Senhor, que está sentado sobre o trono alto e elevado* (Is 6,1).

As duas primeiras asas elevem-nas sobre a cabeça. Com as do meio, cubra o corpo e o pés. E com as duas últimas voe pelo espaço e para o alto, para que o desejo do louvor humano não deprima o seu zelo, nem o afeto da carne incline a sua compaixão; mas a reta intenção o erga sempre mais, e a piedosa caridade fraterna o eleve para o alto, esperando a retribuição celestial: *Habituei o meu coração a praticar sempre as tuas leis, por causa da recompensa* (Sl 118,112).

A paciência e a vida exemplar defendam-no dos dardos das perturbações e desnude e falta de merecimentos. Por elas, como por meio de armas, se defenda e se adorne como com sagradas vestiduras. *Veste-te de tua fortaleza, Sião; veste-te dos vestidos de tua glória!* (Is 52,1).

Com sua circunspecção, voe em redor e por toda a parte, ponderando o que há de fazer e como há de agir. Pela prática da devoção, *busque as coisas que são do alto, onde Cristo está sentado à destra de Deus* (Cl 3,1), dirigindo-se a Ele em voo rápido e sublime.

Embora nem todos os diretores de almas possam, em grau igual, possuir estas virtudes, é-lhes, todavia, absolutamente necessário não carecerem delas até certo ponto, já por causa dos seus governados, já por causa de sua própria santificação.

De mais, todos os religiosos, até certo ponto, têm de governar-se a si próprio, e prestar conta do governo de si a Deus no juízo final. Deve, pois, adornar-se com estas asas e penas à medida que lhe for mister. Eleve--se às coisas celestiais, para ser fervoroso na observância, compassivo do próximo por amor de Deus, e paciente nas adversidades. Edifique os outros pelo bom exemplo. Seja circunspecto em todas as coisas, e sobretudo familiarmente unido a Deus pela prática da oração. Deus em tudo o proteja, dirija, promova e, finalmente, o faça voar à pátria celestial. Isto se digne conceder-nos Jesus Cristo, nosso Senhor. Amém.

Deus meus et omnia!

Clássicos da Espiritualidade

Confira outros títulos da coleção em

livrariavozes.com.br/colecoes/classicos-da-espiritualidade

ou pelo Qr Code

Conecte-se conosco:

f facebook.com/editoravozes

⊙ @editoravozes

𝕏 @editora_vozes

▶ youtube.com/editoravozes

☎ +55 24 2233-9033

www.vozes.com.br

Conheça nossas lojas:

www.livrariavozes.com.br

Belo Horizonte – Brasília – Campinas – Cuiabá – Curitiba
Fortaleza – Juiz de Fora – Petrópolis – Recife – São Paulo

EDITORA VOZES LTDA.
Rua Frei Luís, 100 – Centro – Cep 25689-900 – Petrópolis, RJ
Tel.: (24) 2233-9000 – E-mail: vendas@vozes.com.br